꽃이 밥이 되다

꽃이
　　밥이
되다

논물에 서서 기록한
쌀밥의 서사

김혜형 지음

목수책방
木水冊房

프롤로그

밥 한 술이 꽃 한 다발

도시에서 몸을 쑥 뽑아내 곧장 시골 흙에 옮겨 심었다. 귀농·귀촌을 위한 준비 같은 것은 없었다. 흙과 풀꽃과 나무들 속에 살고 싶다는 열망뿐이었다. 도시에서 나고 자라 마흔 해 넘게 살았지만, 떠날 때는 깃털 같은 미련이나 망설임이 없었다. 생각이 많고 조심성도 많은 편인데 삶의 결정적 국면에서 뒤도 안 돌아보았던 결행의 순간들이 있다. 부모님을 떠나 서울행 버스에 올랐을 때가 그랬고, 아이를 공교육에 맡기지 않기로 했을 때가 그랬고, 직장을 관두고 시골로 들어갔을 때가 그랬다. 나는 인생이 가을빛처럼 짧다고 여겼고 유보된 미래의 행복을 믿지 않았다. 지금이 아니면 나중은 없었다.

첫 시골살이는 나의 무지를 아는 데서 시작되었다. 풀꽃, 나무 열매, 곤충, 새소리, 밭작물, 농사법 등등 아는 것이 하나도 없었다.

열렬한 호기심으로 스펀지가 물을 빨아들이듯 탐색하고 배웠다. 걱정과 불안이 끼어들 틈이 없었고 노동의 무서움도 몰랐다. 힘의 바닥까지 긁어 쓴 후 잠자리에 누우면 기울어진 인생에 균형추를 얹은 느낌이었다. 농촌에서 어린 시절을 보낸 지인들이 "촌에서 고생한 거 생각하면 징글징글하다"며 나를 딱하게 보았지만, 그 징글징글한 추억이 없어서인지 내게 노동은 끼니처럼 당연했다. 자발적으로 선택한 삶을 두고 투덜거릴 이유가 없었다. 노동의 주체가 누구냐에 따라 끄는 짐의 무게와 고난의 강도가 달라진다.

시골로 가자고 앞장선 것은 나였지만, 본격적인 귀농은 옆사람의 퇴사와 함께 시작되었다. 도시에서 태어나 농사의 니은 자도 몰랐던 나와 달리 그는 농촌에서 태어나 어려서부터 부모님의 농사를 도왔던 사람이다. 우린 농사로 먹고사는 방안을 고민했다. 귀농 초기 3년은 주로 밭농사를 지었는데, 뼈마디가 닳게 일했음에도 풀과 벌레와 질병으로부터 작물을 지키지 못했다. 논을 구해 벼농사를 시작한 후로는 불볕이 등허리를 지지는 논바닥에서 여름 두어 달을 엎드려 살았다. 농약과 비료, 제초제 도움 없이 짓는 농사이다 보니 밭이든 논이든 풀 관리가 최대 난제였다. 벼농사 이력도 어언 십수 년, 세 마지기로 시작한 농사가 스물일곱 마지기로 늘었지만 지금도 여전히 풀과 씨름 중이다.

이 책은 매일 밥상에 올라오는 쌀밥의 서사이자 논물에 발을 담그고 사는 농부의 분투기다. 벼농사와 인간사가 긴밀하다 보니 기후변화와 사람의 정치도 함께 짚었다. 원고를 쓰며, 밥심으로 사

프롤로그 5

는 많은 이에게 벼 베는 들판의 구수한 나락 냄새를 부쳐 주고 싶었다. 새봄의 볍씨가 내미는 예쁜 촉, 못자리에서 자라는 파릇한 어린 모들, 태풍과 병충해를 이겨 낸 황금빛 알곡도 보여 주고 싶었다. 벼 외에도 얼마나 많은 생명체가 논에 사는지 알려 주고 싶었고, 공손히 들여다보아야 보이는 덤덤하고 무심한 벼꽃도 자랑하고 싶었다. 여러분의 밥이 한때 꽃이었다고, 벼꽃이 바로 밥꽃이라고 속삭이고 싶었다. 밥 한 술에서 꽃 한 다발을 볼 수 있다면 얼마나 좋을까.

'흙일'을 하며 산 지 20여 년. 과거의 나로부터 지금의 나로 여행하는 동안 결별한 것들이 적지 않다. 과거의 나를 아는 사람이 지금의 나를 본다면 딴 사람이라 할 것이다. 나이 들어 얼굴이 변했고, 노동이 새겨져 몸이 변했고, 흙과 풀 냄새가 스며들어 마음도 변했다. 심리적 점성이 낮은 편이라 사람과 사건에 대한 기억과 애착도 상당량 흐려졌다. 몸이든 마음이든 기억이든 팽팽한 쪽에서 느슨한 쪽으로 바뀌어 간 것만은 확실하다.

수십 개의 쌀포대를 택배사에 넘기고 돌아오던 저녁 길, 먼지를 뒤집어쓴 몸은 피로로 꺼질 듯한데 묘한 두근거림과 가벼운 허무감이 몽글몽글 솟아올랐다. 좁쌀만 한 지구 표면에 붙어 종종걸음치는 작은 여자를 까마득한 우주의 시선으로 일별한 느낌이랄까. 마음이 가벼워지며 입꼬리가 살짝 올라갔다. '역할놀이 잘하고 있구나. 얼굴과 몸을 조금씩 바꾸어 가며. 대상과 관계를 조금씩 바꾸어 가며.' 한때는 학생으로, 한때는 편집자로, 한때는 농부로, 한때는 작가로, 한때는 쌀장수로……. 앞으로 남은 역할이 몇 개일지 모르나

그리 많을 필요는 없을 것 같다. 지금의 나로 충분하고, 지금의 내가 가장 좋다.

    이 책은 시민언론 〈민들레〉에 연재한 '김혜형의 농사만감'에 추가 원고를 덧붙여 재집필한 것이다. 〈민들레〉의 강기석 고문님과 이명재 대표님께서 연재를 권유해 주신 덕에 바쁜 농사철에도 자기 강제를 할 수 있었다. 혼자 시작했다면 일에 치이고 피로에 지쳐 포기했을 것이다. 글은 약속과 마감이 쓴다는 말이 옳다. 두 분께 진심으로 감사드린다.

차례

프롤로그
밥 한 술이 꽃 한 다발   4

이동하고 싶었다, 간절히

마치 처음 먹는 밥인 듯   12

초봄, 벼의 자리를 준비하다   25

의심 없는 반복, 그걸 답습이라 하지   39

볍씨가 꿈꾸는 쌀밥의 무게

볍씨를 매만지는 마음   54

호찌민과 생일이 같은 그녀   67

이 많은 모판을 어찌 옮기지?   78

풍년새우와 투구새우가 사는 논

뜬모 한 포기, 곡식 한 대접   88

청둥오리와 개구리가 사는 논둑   102

힘들기는 하지만 괴롭지는 않아   114

벼꽃을 기다리며 꽃물을 대다

벼꽃 한 송이가 쌀 한 톨	130
자급자족의 허상과 정치의 부재	147
거미줄 논과 멧돼지 무덤	156

벼멸구 들판에서 정치를 생각하다

까치밥과 불사조 할아버지	170
벼멸구는 왜 우리 논을 피해 갔을까	180
농경민의 후예들, 벼를 거두다	190

에필로그
보릿고개가 태산보다 높다   206

 이동하고 싶었다, 간절히

마치 처음 먹는 밥인 듯

인생의 막 하나가 등 뒤로 닫히고

회사를 떠나기로 마음먹자 이상하게도 참 홀가분했다. 회사는 십수 년간 내 생활의 중심이었고 내 정체성의 일부였는데, 그토록 긴 세월 부여잡고 몰두했던 것들이 더는 중요하게 여겨지지 않았다. 직장 생활이 제공하는 소속감과 생활비, 명함, 외부의 인정 따위가 빈 껍데기 같았다. 일은 적성에 맞았고 주변 사람들도 좋았으나 인연이 다했다는 느낌이 뚜렷했다. 나는 삶을 재배치하고 싶었다. 내가 회사를 떠날 때 초등대안학교에 다니던 아이도 학교를 그만두었다. 반년쯤 아이와 함께 목공방과 도서관에 놀러 다녔다. 굳이 이름 붙이자면 홈스쿨링인데, 가르치는 사람이 따로 없으니 아이나 나나 다

학생이었다.

주말이면 옆사람과 함께 주변의 시골을 돌아다니며 살 곳을 찾았다. 신도시 주변에서 점점 도시로 편입되어 가는 곳은 우선 제외시켰다. 넓은 논밭이 야금야금 공장지대로 흡수되고 있는 곳도 장기적인 삶터로 부적합했다. 당시 직장이 있던 파주 주변에는 논밭이 많았지만 자고 일어나면 논 한가운데 조립식 공장이 들어서 있을 만큼 빠른 속도로 도시화하고 있었다. 우리가 원하는 곳은 첫째, 도시화의 위험이 적고 농촌 마을의 정체성이 오래 유지될 수 있는 곳, 둘째, 옆사람 직장에서 멀어지는 것을 감수하되 출퇴근이 불가능할 정도는 아닌 곳, 이렇게 두 가지였다. 이 조건으로 보니 강화도만 한 곳이 없었다.

인터넷 부동산으로 강화의 셋집들을 뒤지던 어느 날, 전셋집 하나가 나왔다. 그 길로 혼자 차를 몰고 강화로 갔다. 넓게 펼쳐진 논과 밭, 마을길 따라 늘어선 낡은 구옥들, 허리가 꼬부라진 노인들이 밭고랑에 엎드려 일하는 오래된 마을이었다. 관광지다운 면모가 전혀 없는 평범한 시골이라 마음에 들었다. 마을 끄트머리 산 아래 외딴집을 본 순간 '좋아, 여기서 살아 보자' 싶었다. 휴대전화로 집 사진을 찍어 옆사람에게 보내 동의를 얻고 그 자리에서 계약을 했다. 그리고 며칠 후 이불 한 채, 밥솥과 그릇 몇 개, 옷가지 몇 벌을 꾸려 아무 연고도 없는 낯선 마을로 아이와 함께 들어갔다. 이 모든 과정이 일사천리로 진행되었다.

산 아래 있는 전셋집은 밤이 되면 인적이 끊겼다. 불빛도 완벽하게 지워져 온 세상이 칠흑 속에 잠겼다. 뒷산에서 낯선 짐승의 울음소리가 들렸다. 무섭지는 않았으나 낯설고 기이했다. 마흔 몇 해를 사는 동안 한 번도 경험해 보지 못한 지점에 와 있다는 것을 실감했다. 다소 막막한 심정도 있었지만 '나는 이제부터 어디로 흘러가려는 것일까. 무엇이 나를 이끌어 갈지 한번 지켜보자' 하는 호기심과 흥미가 일었다. 인생의 막 하나가 등 뒤로 닫히고 전혀 새로운 막이 열린 느낌이었다.

아이는 한 학년이 열 명 남짓한 시골 초등학교에 4학년으로 들어갔다. 도시에 익숙한 삶을 통째로 뽑아 시골로 옮겼으니 낯선

'아파트 숲'을 떠나 연둣빛 '봄 숲'으로 들어갔다.

집단에 적응하고 뿌리내리느라 한동안 마음고생을 했다. 그래도 아이는 마을길을 걸어 학교를 오가며 마주치는 사람마다 꼬박꼬박 인사를 잘해 동네 할머니 할아버지 들에게 사랑을 듬뿍 받았다.

학교에서 돌아오면 아이는 해거름까지 들판을 쏘다녔다. 밭에 쪼그려 앉아 메뚜기들의 짝짓기를 구경하고, 집 뒤편 개울에서 가재를 보고 환호하고, 하굣길에 마주친 죽은 두더지를 엄마 보여준다고 들고 오기도 했다. 가을에는 아빠랑 양동이를 들고 밤을 줍고, 엄마의 텃밭 농사도 깜냥껏 도왔다. 그토록 원하던 강아지도 키우고 새 친구도 사귀어 생일에는 학교 아이들이 대거 집으로 몰려오기도 했다. 자연 속에서 뛰놀고 온갖 생명체를 호기심에 차 들여다보는 어린 시절이 아이의 인생에 두고두고 최고의 선물이 될 것이라는 사실을 나는 의심하지 않았다.

옆사람은 팔리지 않는 아파트에 혼자 남아 회사를 다니다가 한 달 후쯤 모든 살림살이를 정리해 전셋집으로 옮겨 왔다. 당시는 일산대교가 개통되기 전이라 강화에서 파주 직장까지 김포대교로 에돌아 다녀야 했으니 출퇴근길이 왕복 70킬로미터가 넘었다. 옆사람은 마을 어르신들과 어울려 막걸리와 소주 마시는 것을 즐겼고, 나는 가까운 이웃집 밭일 거들기를 마다하지 않았다. 그렇게 마을의 품에 서서히 안겨 갔다.

한 그릇 밥 앞에 꿇어앉아

시골살이 3년째, 흙과 채소와 벌레와 햇살과 빗방울이 다 환희롭고 좋을 때였다. 텃밭에서 수십 가지 밭작물을 길러 먹고 온갖 야생초를 맛보면서도 어쩐지 벼농사야말로 진짜 농사 같았다. 우리도 쌀을 지어 밥해 먹는 일에 가 닿을 수 있을까. 감히 넘볼 수 없을 것 같던 그 경지가 벼농사를 오래 지어 온 지인 덕에 성큼 우리 곁으로 다가왔다. 절친한 이웃인 한나네가 우리에게 벼농사를 함께 짓자고 손을 내민 것이다. 농사짓는 법을 공짜로 배우고 우리 손으로 우리 식구 밥까지 벌 수 있다니! 설레는 일을 마다할 이유가 없었다. 그때만 해도 우리가 앞으로 벼농사를 지어서 먹고살게 될 줄은 꿈에도 몰랐다.

한나네가 짓는 논은 강화 북쪽 민통선 가까이에 있었다. 700평쯤 되는 아담하고 둥근 논 한 배미(논두렁으로 둘러싸인 한 구역의 논)에 한나네와 봄이네와 우리, 세 가족이 모였다. 사람 좋은 한나 아빠가 모든 일을 헌신적으로 이끌었다. 일손이 필요할 때는 주말에 다 같이 모였지만, 초봄에 논둑 두더지 구멍 손보는 일부터 물 대기, 퇴비 넣기, 논둑 베기, 논물 보기 등 일상의 일거리는 한나 아빠가 도맡아 챙겼다. "곡식은 농부의 발자국 소리를 듣고 큰다"는데 우리 논에 사는 벼들은 아침마다 논둑을 오가는 한나 아빠의 발자국 소리를 다 알아들었을 것이다. 우리가 짓는 한 배미 농사는 단독으로 못자리를 하기에는 너무 소규모라 친환경 농사를 짓는 주변 농부들과 공동으로 파종과 못자리를 했다. 이 과정은 사회적기업 ㈜콩세알

보행 이앙기로 모내기.

아이들과 뜬모 하기.

김매기.

벼 베고 이삭 줍기.

대표 서정훈 목사님의 도움을 크게 받았다.

모내기, 뜬모(모내기 후 모가 꽂히지 않은 빈자리를 손모로 때우는 것) 하기, 김매기, 추수하기 같은 주요 농사 과정에는 당연히 아이들도 참여했다. 그날은 논이 학교였다. 봄부터 가을까지 둥그스름한 논 한 배미가 보여 주는 색감의 변화, 논 안에서 일어나는 벼와 왕우렁이와 풀과 수서생물의 왕성한 생명살이, 논과 논둑에서 백로와 미꾸라지와 청둥오리 둥지와 두더지 구멍이 일으키는 갖가지 사건이 아이들에게는 공부이자 놀이였다. 부모를 도와 모판을 나르고, 빈 모판을 수로로 가져가 씻고, 맨발로 논에 들어가 뜬모를 하고, 풀밭에 모여 앉아 들밥을 먹고, 논둑을 뛰어다니며 개구리를 쫓고, 들판에서 풀 뜯는 흑염소를 구경하고, 잘 익은 벼를 낫으로 베고, 콤바인을 뒤따라 이삭을 주우며 아이들은 다시 올 수 없는 어린 시절의 황금 같은 순간을 만끽했다.

    이 한 배미 논에서 우리를 포함한 세 가족의 1년 양식을 얻었다. 얻은 것은 양식만이 아니었다. 발가락 사이로 밀려 올라오는 고운 진흙의 촉감, 푸른 벼 잎에 붙은 왕우렁이 알의 선명한 빨강, 봄 논 사이로 걸어가는 아이들의 물그림자, 벼와 피를 구분하는 미세한 감각, 잘 여문 이삭 위로 쏟아지는 붉은 노을, 벼 베는 들판 가득 피어오르는 구수한 나락 냄새까지……. 이미 세상에 존재함에도 내 감각으로는 처음 만나는 세계가 내 비좁은 인생의 외곽선을 무너뜨리며 쏟아져 들어왔다. 쟁취하고 달성할 필요가 없으므로 오감을 열고 순연히 받아들였다. 내가 감각한 세계로 지은 알곡을 찧어 첫 햅쌀 밥을 해 먹던 순간을 잊지 못한다. 수십 년간 숱한 밥을 먹어왔음에도 마치 처음 먹는 밥인 듯, 한 그릇 밥 앞에 꿇어앉아 전에 느껴 본 적 없는 그윽한 감사를 맛보았다.

첫 농사로 거둔 햅쌀.

퇴직이 아니라 이직이야

 그가 회사를 떠나고 싶다고 말했을 때 '이제 그도 이동할 때가 되었구나' 생각했다. 수년 전 나도 그랬으니까. 간절히 이동하고 싶었다. 이 감정이 농익으면 더는 연봉에도 관심 없고 닥쳐올 생활에 대한 불안감도 문제가 되지 못한다. 못 떠날 이유가 천 가지라도 그것들이 날 막지 못하는 딱 그 지점, 찰랑찰랑 가득 찬 물그릇의 표면장력 위로 물 한 방울 똑! 떨어지는 그 순간이 바로 '양질전화(量質轉化)'의 지점이다.

 "이걸 선택하며 저걸 못 버려서 미련을 두면 그건 욕심이지." 갖고 싶은 것이 있으면 지불해야 할 것도 있는 법이다. 그는 지불할 준비가 되어 있었고, 내가 그랬듯 그 역시 인생에 대한 자기 결정권을 갖고 있기에 당연히 존중했다. 이 결정으로 인해 생길 어려움이야 감당하면 된다. 두려움이 가로막지만 않는다면 안 될 것이 뭐 있겠는가.

 "퇴직이 아니라 이직이야." 그가 말했다. "40대에 시골살이 워밍업, 50대에 전업농, 한 단계 진화했네." 대답하며 웃었다. 그는 성실하고 정직한 사람이다. 23년간 직장에서 충실하게 일했다. 독한 야심을 품은 적 없고 어려운 상황에서도 자기 손익보다 상대와 상황을 이해하려는 성정을 가졌다. 나는 체질적으로 새것에 무관심하고 비싼 것을 선호하지 않는지라 적은 수입으로도 알뜰하게 살 수 있다. 그 점, 나를 믿으므로 그다지 걱정하지 않았다. 우리의 '다음'을 예측할 수는 없지만 지금 우리가 하는 생각과 행동이 우리의 '다음'을 만들 것이다. 실수는 필수겠지만 그래도 잘할 수 있을 것이라 여겼다. 우리는 낙관했고, 그렇게 농부가 되었다.

우리가 강화로 들어갈 때만 해도 강화는 오랜 역사유적지로서의 면모와 소박한 시골 풍경을 함께 지니고 있었다. 하지만 10여 년간 살면서 우리는 논과 밭이 야금야금 사라지고 전원주택과 컨테이너 공장이 속속 들어서는 모습을 지켜보아야 했다. 파주 외곽이 시시각각 공장지대와 도시로 변하는 것을 피해 강화로 들어갔는데, 몇 년 지나지 않아 강화 역시 '발전'이라는 개발 논리에 떠밀리며 급변해 갔다. 마을의 논밭이 반 이상 메워지고, 울창했던 뒷산 숲이 황무지로 변하고, 초등학교 옆에 공장이 들어서고, 바다가 보이는 산비탈에는 카페와 숙박 시설이 우후죽순 늘어 갔다. 오래 머물 수 없다는 생각이 점점 깊어졌다. 게다가 농부가 되려면 농지가 있어야 하는데 강화는 수도권이면서 관광지이고 개발 가능성이 높아 땅값이 몹시 비쌌다. 우리가 가진 돈으로는 논 몇백 평도 살 수 없었다. 터무니없이 비싼 농지에 전 재산을 털어 넣고 몇십 포대도 안 나오는 쌀농사를 지어 먹고산다는 것은 어불성설이었다. 농부가 되려면 멀리 지방으로, 진짜 시골로 가야 했다.

귀농 선배의 소개로 1800평 땅을 사서 곡성으로 내려왔다. 우리가 산 땅은 야산을 깎아 만든 척박한 돌밭이었다. 우선 머물 농막을 짓고 나무부터 심었다. 유실수 가운데 농약 의존도가 낮고 수확 후 건조 보관이 용이할 것이라는 판단에 대추나무와 감나무 묘목

100여 그루를 심었다. 묘목들 사이 빈 공간에는 고사리 종근(種根, 씨뿌리)도 심었다. 괭이 날에 돌덩이가 부딪쳐 불꽃이 튈 만큼 단단한 땅을 여러 날 쪼아 가며 종근 16박스를 겨우 집어넣었다. 심은 해에는 수확할 수 없지만 몇 해만 지나면 계속 수확할 것이라는 기대감이 있었다.

밭농사도 지었다. 강화 살림이 채 정리되지 않았던 귀농 초기에는 두 지역을 오가며 강화에서는 고구마 농사를, 곡성에서는 도라지 농사를 지었다. 강화 산비탈의 1000평 밭을 빌려 두둑을 짓고 고

풀과 함께 자라는 고사리.

구마를 심었는데, 온종일 호미질해도 뒤따라오는 풀에 뒷덜미가 잡혔다. 옆사람은 곡성에서 풀에 치여 죽어 가는 어린 도라지 싹을 살리느라 손가락에 물집이 잡히도록 분투했다. 그나 나나 눈만 뜨면 밭에 나가 일하고 해 저물어 집으로 돌아오는 혹사의 나날이었다. 그 고생을 했음에도 고라니의 침입과 풀의 번성으로 두 사람 인건비도 못 건졌다. 체력의 한계를 초과하는 노동으로 몸이 상한 나는 1년여 한의원을 드나들어야 했다.

곡성으로 아주 내려온 후에는 남의 밭 1000평을 빌려 씨마늘 9접, 양파 모종 1만 개를 심었다. 우리 터의 고사리밭, 도라지밭, 고추밭에 더해 임대한 터의 마늘밭, 양파밭을 돌며 손이 갈퀴가 되도록 일했지만 역시 종자 값도 건지지 못했다. 풀도 만만치 않았지만 노균병과 잎마름병으로 양파잎 마늘잎이 누렇게 시드니 밑이 들 리가 없었다. 일을 하면 할수록 돈도 몸도 쑥쑥 빠지는 신기한 '마이너스의 마술'을 경험했다.

머릿속 구상과 현실의 농사는 해가 갈수록 멀어졌다. 고사리는 봄철의 부업일 뿐이었고, 고추·도라지·양파·마늘은 자급하고 나눌 정도면 충분했으며, 감과 대추나무는 관심 밖이 되었다. 과수 농사든 채소 농사든 먹고살 수만 있으면 된다고 생각했지만 현실은 그리 녹록하지 않았다.

이 무렵 옆사람의 관심사는 벼농사에 집중되어 있었다. 밥상의 중심이 밥이듯 농사의 중심은 쌀, 쌀을 귀히 여기고 밥심으로 살던 시절의 정서가 그의 마음 바닥에 깔려 있었다. 경남 산골이 고향인 친구가 자기 아버지 이야기를 해 주었는데 쌀농사가 진짜 농사라며 돈이 뻔히 보이는 하우스 농사나 다른 농사에는 일절 손도 안 대셨다는 이야기를 하며, 옆사람은 그 어른의 고집이 마음에 든다 했다. 무의식 밑바닥에 깊이 심겨 있었으나 발아할 기회가 없었던 그의 오래된 볍씨 한 알이 퇴사와 귀농이라는 물을 만나자 비로소 흰 촉을 내밀기 시작한 듯했다. 나로서는 의외의 발견이었다.

초봄, 벼의 자리를 준비하다

수렁논에 핀 연꽃

어떤 농사를 짓든 농약 쓰는 농사라면 손대지 않겠다는 생각은 그나 나나 같았다. 도시의 삶과 직장의 안정성을 버리고 굳이 귀농을 선택한 것은 조직의 지향에 맞추고 돈의 향방을 쫓는 삶에 더는 마음이 끌리지 않아서였다. 돈을 목적으로 농사를 지을 것이었다면 그냥 정년까지 회사를 다녔을 것이라고 그는 말했다. 농사는 생활비를 벌어들일 수단이기도 하지만 우리가 선택한 인생이기도 하니까.

    벼농사를 지으려면 논이 필요했다. 그러나 논은 쉬이 구해지지 않았다. 웬만한 논은 오랫동안 농사를 지어 온 마을 토박이 농부들 사이에서 거래되거나 임대되는 것이 일반적이었기 때문이다. 연로 하여 더는 농사짓기 힘들어진 어르신들이 평생 지어 온 논을 맡길 때, 동네에서 알고 지낸 이를 제치고 새내기 귀농자에게 줄 리 만무했다. 귀농 초기부터 적당한 논이 나오면 알려 달라고 말을 뿌리고 다니던 옆사람이 어느 날 건넛마을에 맞춤한 논이 나왔다며 기뻐했다. 야트막한 야산 아래 놓인 자그마한 세 배미 논이었는데, 다 합쳐 600여 평쯤 되었다. 논 옆으로 물을 댈 수로가 있고 시멘트 농로가 맞닿아 있어 농기계 진입도 수월한 편이었다.

뒤늦게 알게 되었지만, 우리가 산 논은 물 빠짐이 나쁜 수렁논이었다. 가장 작은 논 한 배미는 전체적으로 물이 안 빠져 심하게 질척거렸고, 그보다 큰 논 두 배미는 사정이 낫기는 하지만 산비탈 아래쪽이 진창이었다. 논 사정을 뻔히 아는 동네 사람들한테는 팔기 어려운 논이 아무것도 모르는 귀농자한테 온 것이었다. 이런 일은 나중에도 한 번 더 있었는데, 논 구하기에 목마른 옆사람은 도랑을 쳐서라도 수렁논을 살려 보겠다며 가능성 낮은 논임에도 욕심을 내곤 했다.

우리 논에 첫 농사를 시작하는 2월, 옆사람이 승마장에 가서 유기질 말똥 거름을 수십 자루 퍼 담아 트럭에 가득 싣고 왔다. 화학비료를 넣지 않은 풀을 말에게 먹여서 얻은 귀한 발효 말똥이라고 했다. 3월에 말똥 거름 27포를 지게로 져 날라 삽으로 일일이 논에 뿌렸고, 4월에는 발효퇴비 70포를 논에 넣었다. 종자 소독과 발아, 파종과 못자리는 가까이 사는 귀농 친구들과 공동 작업을 했다.

드디어 첫 모내기하는 날, 보행 이앙기를 빌려 모내기를 하는데 산 아래 진창에서 이앙기 바퀴가 계속 헛돌고 엔진이 과열되어 앞으로 나아가지 못했다. 상당량의 모가 진흙에 빠져 파묻히고 유실되었다. 빌린 이앙기가 고장이 날까 전전긍긍하며 두 배미 논 모내기를 겨우 마치고 나니, 물 빠짐이 더 나쁜 마지막 논에 벼를 심을 엄두가 나지 않았다. 결국 작은 수렁논에는 연을 심기로 했다. 연은 진흙탕에서 잘 자라니까.

연 종근을 심은 후 쌀겨가루를 뿌린 수렁논.

연 농사를 하는 이웃에게서 연 종근을 사 왔다. 넓적한 스티로폼 패널을 논물에 띄우고 그 위에 종근을 얹어 밀고 다니며 논바닥 깊숙이 손을 집어넣어 구멍을 파고 1~2미터 간격으로 연을 심었다. 종근 세 박스를 다 심고 나니 해가 저물고 달이 떴다. 사위가 환했다. 보름이네! 검푸른 저녁 하늘이 물을 채운 연밭으로 고요히 내려와 심연을 이루었다. 밝은 달도 연 띄운 물 위로 얌전히 내려왔다. 연밭뿐 아니라 저녁 들판 수많은 조각 논의 잔잔한 논물 위로 등불 같은 보름달이 여러 몸으로 내려와 밝게 비추었다. 월인천강(月印千江)이 아니라 월인천답(月印千畓)이구나!

연은 빠르게 자라 한여름 연밭을 가득 채웠다. 매일 아침 향기

연을 심은 논물 위로 보름달이 내려왔다.

로운 백련 송이를 따서 연잎으로 감싸 택배로 부쳤다. 연꽃이 피는 7월 말에서 8월 중순 사이, 하루에 스무 송이 정도 연꽃을 따서 팔았다. 난생처음 연잎밥도 만들어 먹고, 여럿이 모인 자리에서는 항아리 뚜껑에 향기로운 연꽃차도 피웠다. 100평도 안 되는 자그마한 연밭이라 생계에 큰 도움은 안 되었지만 일상의 작은 즐거움을 누리기에는 충분했다.

초봄에 연근도 캤다. 늦가을에는 벼 수확과 밭일로 바빠 연밭에 손을 못 대다가 겨울 지나고 언 땅이 녹는 4월에야 연근을 캐러 들어갔다. 수천수만 평 연밭이라면 중장비를 쓰겠지만 고작 100평 연밭이니 손으로 캐야 했다. 허리를 폴더폰처럼 접고 빽빽한 진흙 속에 수직으로 깊이 박힌 연근을 손으로 상처 없이 캐내는 일은 중노동이다. 어지간해서는 힘들다는 말을 하지 않는 옆사람이 "죽을 만큼 힘들다"고 했을 정도이니……. 농사가 너무 소규모면 모든 일을 몸으로 때우게 된다. 몸이 감당하는 데에는 한계가 있고 수확량은 형편없으니 생활비는 벌지 못하면서 몸은 상하는 악순환이 계속되었다. 이 작은 연밭에서 3년간 연꽃을 따고 연근을 캤다. 이후 연밭은 마을의 다른 농부에게 넘어갔고 이내 흙으로 메워졌다. 짠하고 섭섭했다.

연꽃.

당장 경운기 빼쇼, 몸 상해

벼농사 첫해에는 보행 이앙기를 빌려 모내기를 했는데, 진창에서 이앙기가 힘을 못 쓰고 모가 다 유실되는 통에 일부 구간은 손 모내기를 해야 했다. 우여곡절 끝에 첫해 농사를 마쳤지만 연밭을 제외하고 500평 남짓 되는 논에서 거둔 벼로는 생활비가 나올 리 없었다. 그럴 줄 예상했으므로 실망하지는 않았다.

두 번째 봄이 되었다. 논을 갈려면 트랙터 가진 이에게 비용을 내고 맡겨야 하는데 옆사람은 직접 하고 싶어 했다. 트랙터는 값도 비싼 데다 우리 농사 규모에 맞지도 않아 중고 경운기를 물색했다. 마침 건넛마을 어른께서 오래 써 온 낡은 경운기를 내놓으신다기에 바로 달려가 구입했다.

경운기를 몬 지 며칠 되지 않아 비탈길에서 곤두박질칠 뻔한 사고가 있었다. 경운기는 비탈에서 기어 변속을 하면 안 된다. 기어가 빠지면서 육중한 경운기가 자기 무게를 못 이겨 순식간에 뒤로 미끄러지기 때문이다. 그걸 몰랐던 초보운전자의 심장이 덜컥 떨어졌다. 아찔했던 순간, 어떻게 기어를 다시 넣었는지 기억조차 안 난다며 옆사람은 고개를 저었다. 말로만 듣던 경운기 사망 사고가 남의 일이 아니었다.

경운기는 자동차처럼 완제품으로 사용하는 기계가 아니다. 기계에 딸린 쇳덩이를 용도에 따라 교체하고 연결해야 하니 사용자가 기계에 대해 어느 정도 알아야 하고 기본적인 엔지니어 노릇도

해야 한다. 시멘트 길로 다닐 때에는 경운기에 고무바퀴를 달지만, 논에 들어가려면 쇠바퀴로 갈아 끼워야 한다. 짐을 싣고 옮기는 용도로 쓰려면 트레일러(짐칸)를 달지만, 논갈이 용도로 쓰려면 트레일러를 떼고 로터리(회전하면서 흙을 얕게 갈아 주는 쟁기 날)로 바꾸어 달아야 한다. 초보자가 하기에는 만만치 않은 작업이다. 옆사람은 경운기 바퀴와 부속 교체 같은 필수적인 작업을 농업기술센터 농기계 수리팀에게 배웠다.

경운기에 쇠바퀴를 갈아 끼운 후 논에 들어가 논갈이를 하는데 일이 생각처럼 되지 않았다. 땅을 깨부수며 앞으로 나가야 할 경운기가 우거진 풀과 뒤엉켜 꼼짝도 안 했다. 겨우 한 발 가다 서고

논에 들어가려고 경운기 고무바퀴를 쇠바퀴로 갈아 끼우고 있다.

다시 한 발 가다 서는 일이 반복되었다. 시동은 계속 꺼지고 과열된 엔진에서는 검은 연기가 솟았다. 논 한가운데서 몇 시간째 경운기를 붙들고 진땀을 빼던 옆사람, 문득 뒤통수에 이상한 느낌이 들어 뒤를 돌아보았다.

"뭣 허셔?"

논 둑에 한 남자가 서 있었다.

"……?"

"아니, 뭣 허냐고?"

"모 심을라고 로터리……."

"당장 경운기 빼쇼! 몸 상해."

좀 기다리라 해놓고 휭 사라진 그 남자, 잠시 후 트랙터를 몰고 나타나더니 곧장 논으로 들어갔다. 그가 순식간에 논을 갈고 써레질까지 해치워 버리는 것을 옆사람은 입을 떡 벌리고 바라만 보았다. 일을 마친 후 그와 함께 국밥집에 가서 술 한잔 나누는데, 그가 우리 논을 잘 안다 했다. 몇 해 전 빌려서 농사를 지어 보았는데 심각한 수렁논이란다. 자기가 한 살 아래라는 사실을 확인한 그가 대번에 옆사람을 '형님'이라 부른다. "형님, 모내기할 때도 부르쇼."

어찌 안 부르겠는가. 모내기하는 날, 그의 낡은 승용 이앙기가 수렁논에서 한참 허덕였다. 그래도 작년에 진창에서 보행 이앙기 밀며 힘쓰던 때에 비하랴. 겨우 모내기를 마치고 보니 군데군데 모가 꽂히지 않은 빈자리가 많았다. 그게 신경 쓰였는지 그가 말했다. "형님 혼자 뜬모하기 힘듦께 날 잡아 같이 해치웁시다." 괜찮다며 거절

했지만 그의 말이 진심인 것을 알기에 뭉클했다고 한다.

"몸 상해" 사건 이후에도 옆사람은 경운기 논갈이를 포기하지 않았다. 첫해의 경험 부족, 운전 미숙을 극복하고 경운기로 논 가는 일에 나름의 요령을 쌓았다. 그러나 몇 해 후, 논을 추가로 구입하고 친환경단지 논까지 임대하게 되면서 더는 경운기 논갈이를 고집할 수 없게 되었다. 수천 평 논을 경운기로 가는 것은 미친 짓이나 다름없으니까. 중고 경운기도 얼마 못 가 수명이 다하고 말았으니 경운기 논갈이에 대한 미련을 접기에 알맞은 때였다.

경운기로 논을 갈고 있다.

써레질하고 왕우렁이를 넣다

귀농하여 벼농사를 시작한 지 여러 해가 지났다. 그 사이 연밭 딸린 수렁논을 처분하고 저수지 아랫논을 구입하여 논이 다섯 배미로 늘어났다. 이어 친환경단지 네 배미까지 빌리게 되면서 우리가 짓는 논이 총 아홉 배미가 되었다. 이로써 농사로 최저 생계가 가능한 규모에 겨우 진입했다.

농사 규모가 늘면서 우리 몫의 이앙기가 절실해졌다. 예전에는 농업기술센터에서 이앙기를 빌려 썼는데, 농사가 많아지니 하루씩 빌려 쓰는 데에는 한계가 있었다. 큰맘 먹고 순창의 구보다 대리점에서 중고 이앙기를 구입했다. 이앙기가 생기니 기계 빌리는 일정에 모내기를 맞추려 애쓰지 않아도 되고, 짧은 일정 안에 해치우려고 무리하지 않아도 되었다.

벼농사 이력이 제법 붙어 초봄이 되면 한 해 농사가 눈에 그려지고 언 땅이 풀리기도 전에 몸이 먼저 움직인다. 초봄에는 논둑을 점검하고 '논둑 바르기'를 한다. 논둑 바르기란 트랙터 작업 시 조금씩 깎인 논 가장자리를 논흙으로 도톰하게 발라 주는 일인데, 두더지나 미꾸라지, 드렁허리(뱀처럼 생긴 민물고기)가 낸 구멍도 막고 논둑을 보강해 물이 새지 않게 하는 조치다. 수년 전까지는 무릎 꿇고 엎드려 손으로 진흙을 떠서 바르며 하루 종일 논둑을 기었는데, 지금은 논둑 성형기를 단 트랙터가 순식간에 보강한다. 물론 비용이 들기는 하지만 육중한 기계로 논둑을 만드니 그 단단함이 사람 손으로 바른 논둑에 비할 바가 아니다.

부실한 논둑을 손보고 나면 논에 퇴비를 넣는다. 유기농 농사라 화학비료 대신 미강(쌀겨가루)과 퇴비, 유기질 비료 등을 넣는데, 몇 해 전만 해도 비료와 퇴비 포대를 지게로 져 날랐다. 100포가 넘는 퇴비를 트럭에 올리고, 그걸 논에 가져가서 두세 포씩 지게로 날라 논에 뿌리는 일은 몹시 고되다. 지금은 비료 살포기가 있어서 알갱이 형태로 된 유기질 비료는 살포기에 담아 등에 지고 다니며 뿌린다. 하지만 퇴비는 살포기로 뿌릴 수 없으니 여전히 포대째 들고 논에 들어가야 한다.

어느 날 옆사람이 웬 고물 이앙기를 트럭에 싣고 왔다. 겉모습은 이앙기지만 이앙 기능은 상실한 기계다. "우리 이앙기가 있는데 왜 고물 이앙기를 샀어?" 물어보니 논에서 퇴비 포대를 나르려고 샀단다. 예전에 퇴비를 트럭에 싣고 논에 들어갔다가 진창에 빠져 마을 사람이 트랙터로 꺼내 준 일이 두어 번 있었다. 그 후 트럭으로 퇴비 나르는 시도는 접었는데, 우연히 농기계 수리상에서 고물 이앙기를 보니 퇴비 운반용으로 활용할 수 있을 것 같더라나. 고생스러운 지게질을 피해 보려는 그 나름의 고육지책이다.

봄날, 우리 논은 푸르다. 지난가을에 씨 뿌린 녹비작물 헤어리베치가 자라고 있어서다. 헤어리베치는 공중 질소를 고정하는 콩과식물로 토양 지력을 높이는 풋거름 작물이다. 헤어리베치를 논에 윤작하는 것은 유기농 인증 조건 중 하나다. 빈 논에서 겨울을 나고 봄에 파랗게 올라온 헤어리베치를 5월 중순경 베어서 땅으로 돌려준다. 헤어리베치를 베고 난 뒤 논에 물을 대어 풋거름을 충분히 부숙(腐熟)한 후 써레질과 모내기를 하는 것이다.

매일 아침 동이 트면 그는 논으로 간다. 물을 대기 어려운 논의 수로 상태를 살피고, 매일 조금씩이라도 물을 받는다. 물 대기 좋은 논이야 그럴 필요가 없지만, 물이 귀한 논은 이렇게라도 물을 저축해 두어야 나중에 써레질을 할 수 있다. 써레질이란 논에 물을 채우고 트랙터를 이용해 논 표면을 편평하게 고르는 일이다. 물이 충분해야 흙이 곤죽 상태가 되어 잘 밀리고 수평 잡기가 수월하다. 경운기 논갈이를 포기한 후부터 해마다 트랙터를 가진 이씨 어른께 써레질을 부탁드리고 있다.

써레질을 마친 후 왕우렁이를 넣는다. 왕우렁이 키우는 농가에서 치패(어린 왕우렁이)를 받아와 써레질 끝낸 논에 뿌렸다. 해마다 왕우렁이를 넣는데도 한여름 풀을 이기지 못해 김매는 고생이 자심했는데, 치패를 넣으면 빠르게 성장하려는 본능으로 풀을 더 잘 먹는다는 농업기술센터의 조언에 따라 올해는 그렇게 했다. 써레질한 논물에는 부숙된 헤어리베치와 퇴비가 들어 있다. 흙탕물에 뒤섞인 퇴비를 2~3일 정도 가라앉힌 후 물을 적당히 빼고 모내기할 것이다.

써레질을 마친 논에 어린 왕우렁이를 던져 넣었다.

의심 없는 반복, 그걸 답습이라 하지

무경운 벼농사를 해 보자고?

무경운 벼농사를 시도한다는 농민회 친구들의 연락을 받았다. 이앙기 운전도 도와줄 겸 무경운 모내기 현장에 몇 차례 다녀온 옆사람이 "우리 논도 무경운으로 한번 해 볼까" 하며 이야기를 꺼낸다. 농민회 친구들이 무경운 벼농사를 시도하는 것은 토양의 생태환경을 지키고 탄소 배출을 줄여 보겠다는 의도에서다. 땅을 갈면 토양에 저장된 탄소가 방출되면서 대기 중 이산화탄소 농도가 높아지니 온실가스 배출을 줄일 대안 농법을 찾아보자는 것이다. 논 전체에 적용하기에는 부담이 커서 한두 마지기만 실험적으로 시도한다고 했다.

쟁기로 흙을 뒤집고 갈아 부수는 '깊은 경운'을 심경(深耕)이라 한다. 주변 논들을 보면 추수 후 트랙터에 쟁기를 달아 깊게 갈아엎는 논이 많다. 이 시기 심경의 목적은 파쇄한 볏짚을 땅속에 넣어 부숙하는 비료 효과와 땅속 덩이줄기로 뻗어 가는 올방개 같은 풀을 파내서 얼리는 제초 효과, 두 가지가 있다. 하지만 우리는 심경을 하지 않는다. 풋거름 작물인 헤어리베치를 겨울 논에서 키워야 하기 때문이다. 추수 전에 파종한 헤어리베치는 벼 포기 사이에서 발아해 가느다란 덩굴손을 뻗어 벼 그루터기를 잡고 겨울을 난다. 논을 갈지 않으니 겨울 철새들이 떨어진 벼 이삭을 양식 삼는다. 덕분에 논

농민회 친구들이 무경운 모내기를 하고 있다.

은 새똥 거름을 얻는다.

쟁기를 끌어 흙을 뒤집는 것은 경운(耕耘), 써레를 끌어 땅을 고르는 것은 정지(整地)라 하는데, 경운기가 보급되기 전에는 소가 그 일을 했다. 지금은 트랙터에 로터리와 써레가 함께 달려 있어 경운과 정지가 동시 진행된다. 로터리는 회전하면서 땅을 가는데, '얕은 경운'이라서 천경(淺耕)이라 한다. 넓은 의미에서 로터리도 경운에 속한다.

이앙법(못자리에서 키운 모를 논에 내다 심는 농사법)으로 짓는 벼농사는 논에 물을 채운 후 흙을 곤죽처럼 갈아 논의 표면을 고르게 하여 모내기를 한다. 추수 후 심경을 하지 않는 우리도 모내기 전 천경(써레질)은 반드시 한다. 그런데 무경운 벼농사를 한다는 것은 이 과정을 건너뛴다는 의미다. 마른 논에 볍씨를 직파하는 '건답직파(乾畓直播)'도 무경운의 일종이기는 하나, 건답직파법은 화학적 제초가 필수라서 제초제를 쓰지 않는 우리로서는 선택 대상이 아니다.

밭갈이를 중단하자 흙 속 생태계가 살아나고 통기성과 물빠짐이 좋아지고 유기질이 풍부해져 작물이 더 잘 자란다는 사실을 우리도 수년에 걸쳐 경험하고 있다. 벼농사라고 무경운을 못할 것은 없겠지. 경운하지 않아도 기본 수확량이 나오기만 한다면 실험은 성공적일 것이다. 토양의 탄소가 덜 배출되면 지구환경에도 보탬이 될 것이고.

우리가 짓는 논 가운데 가장 풀이 많은 저수지 아랫논 세 배미가 무경운지 후보로 올랐다. 전체 벼농사의 3분의 1에 해당한다. 실험 삼아 해 보기에는 재배 면적이 넓다. "써레질을 안 하면 풀 솟는 것을 감당하기 힘들 텐데 어쩌려고?" 했더니 "어차피 이판사판이야" 그런다. 해마다 모내기 전 써레질로 '평 잡기'를 했음에도 엄청난 풀이 솟아 김매기로 여름 한 철을 다 바쳤다. 왕우렁이를 넣어도 풀을 잡는 데는 한계가 있었다. 그의 말마따나 '이판사판', 무경운을 하든 안 하든 다를 것도 없겠다 싶다.

파쇄한 볏짚과 벼의 그루터기.

무경운 벼농사를 지으려면 먼저 해결해야 할 것이 있다. 벼의 그루터기를 최대한 빠르게 썩히는 것이다. 그루터기가 썩지 않으면 모가 제대로 꽂히지 않아 벼 뿌리가 뜨고 말 것이다. 모종 형태로 된 포트모를 심으면 그루터기 위에서도 모가 오뚜기처럼 선다는데, 우리 이앙기는 포트모 이앙기가 아닌 일반 이앙기다. 작년에 추수하고 남은 벼 그루터기를 제거하지 않으면 모가 그루터기 위에 얹혀 뿌리도 못 내릴 것이다.

논에 깔아 둔 볏짚과 그루터기를 속성으로 부숙하기 위해 미생물을 활용하기로 했다. 트럭에 600리터짜리 대형 고무통을 싣고 물을 가득 채워서 논으로 갔다. 선배 농부로부터 얻은 미생물 다섯 포를 물에 희석해 세 배미 논에 뿌렸다. 트럭에 PTO(Power Take Off, 동력인출장치)를 옵션으로 달아 둔 보람이 있다. PTO는 트럭 엔진의 회전력을 분무기로 전달하여 물을 분사하는 장치다.

세 배미 논에 미생물 용액을 다 뿌렸다. 이제 필요한 것은 물이다. 미생물이 활동해 그루터기를 썩히려면 논에 웬만큼 물이 고여 있어야 한다. 하지만 지금은 4월, 저수지 수문은 굳게 닫혀 있다. 수자원공사에서 관리하는 저수지 수문은 5월 하순 모내기철이 되어야 열린다. 일단 물꼬를 막고 비를 기다리는 수밖에 없다. 일반적이지 않은 농사법을 시도하자니 난항이 예상된다.

그럼에도 불구하고 실험과 변화는 필요하다. 논밭을 반드시 경운해야 한다는 믿음, 제초제 없이는 농사가 불가능하다는 믿음, 과거 방식에서 한 치도 벗어나지 않으려는 안전 심리와 자기 경험의 일반화가 새로운 모색을 방해한다. 관행으로 내려온 예전 방식은 몇십 년 경험의 축적이기는 하나 자명한 진리는 아니다. 제초제 안 치는 벼농사가 실제 가능하다는 것은 유기재배를 하는 우리와 이웃들의 경험이 증명한다. 다만 논에 따라 노동력이 많이 투여되고 대량 수확이 어려우니 대농들은 선택하기 힘든 방식일 것이다. 우리 같은 중·소농이나 가정 텃밭에서는 해 볼 만하다고 생각한다. 새로운 길, 더 나은 대안은 관행을 답습하지 않았던 이들에 의해 발견되곤 했으니까.

5월이 되었다. 물꼬를 막고 빗물을 가두어 미생물의 활성화를 도모했지만 논은 점점 말라 갔다. 비는 내리지 않았고 애써 받아 둔 빗물마저 말라 버렸다. 벼 그루터기는 여전히 쌩쌩하게 서 있다. 이 상태로는 모내기철에 물을 대서 모를 꽂은들 모가 논바닥에 고정될 리 없다. 그루터기 썩히기 계획이 실패로 돌아가면서 별수 없이 우리는 무경운 농법을 포기했다. 무경운 벼농사를 하려면 이른 봄부터 물을 대어 모내기에 적합한 논 상태를 만들어야 하는데, 논마다 물을 대는 조건이 다르고 기타 변수도 많다는 것을 느낀다. 저수지 물을 못 받더라도 개인 관정이나 자연 수로가 있다면 해 볼 수 있겠다. 하지만 모든 논에 적용하기는 쉽지 않을 것 같다.

못자리 논을 찾아요

"못자리할 논을 찾는데 가까이에 빌릴 논이 있을까요. 우리 논은 못자리하기가 어려워서요."

"그래요? 그럼 저희랑 같이하시죠."

예상치 못한 응답이었다. 오며 가며 눈인사나 나누던 옆마을 심 이장이다. 토박이 이장이니 주변 정보에 밝을 것 같아 물어본 것인데 망설임 없이 선뜻 같이하자니. 그것도 말 한번 깊이 나누어 본 적 없는 옆마을 귀농자에게 말이다.

자기 못자리 논에 다른 이의 못자리를 받는 것은 말처럼 쉽지 않다. 못자리 면적만 늘린다고 되는 문제가 아니기 때문이다. 두둑을 짓고, 고랑을 파고, 파종 후 모판을 넣고, 지속적인 물 관리를 하고, 모가 다 자라면 모판을 꺼내는 수고까지, 한 달여 진행되는 못자리 과정은 몸 쓰고 마음 쓸 일이 한두 가지가 아니다. 어린모를 보살피는 긴장, 물 관리의 수고, 결과의 부담과 책임감이 못자리 전 과정에 작동한다. 행여 모가 병들거나 제대로 못 자라면 1년 농사에 비상이 걸린다. 그러니 선뜻 못자리를 같이하자는 그의 말이 놀라울 수밖에.

못자리를 꼭 논에서 해야만 하는 것은 아니다. 비닐하우스에서 스프링클러로 모를 기를 수도 있고, 콘크리트 바닥에 관수시설을 갖춘 육묘장도 있다. 하지만 농가 대부분은 논에서 못자리를 한다. 논이라고 다 못자리에 적합한 것은 아니다. 볍씨가 모가 될 때까지 물을 자유롭게 대고 뺄 수 있는 논이라야 못자리가 가능하다.

못자리철인 4월 하순에서 5월 초순까지는 저수지 물을 받기 어렵다. 저수지 수문이 모내기철인 5월 하순에야 열리기 때문이다. 가뭄에 대비해 저수지 물을 아끼려는 이유도 있고, 겨울에서 봄 사이에 이모작 하는 소먹이 풀 '수단그라스'를 수확해 말릴 때 논에 물이 들어가면 곤란해서이기도 하다. 그러므로 못자리에 필요한 물은 다른 경로로 얻어야 한다. 개울물을 끌어오거나 지하수를 파거나. 그러나 우리 논은 개울물을 끌어올 위치도 아니고 지하수를 파기에는 비용 부담이 너무 크다.

귀농 초기에는 공동 못자리에 여러 해 참여했었다. 모판 100개 이내의 소농들은 규모가 비슷한 이웃들과 어울려 공동 못자리를 한다. 우리는 첫 농사를 세 마지기로 시작했다(우리 지역에서는 한 마지기가 200평이다. 한 마지기를 300평으로 보는 지역도 있다). 모판 한 개로 논 10~12평 모내기가 가능하니 모판 60개면 세 마지기(600평) 모내기에 충분하다. 수백 마지기 농사를 짓는 대농들은 모판도 수천 개라서 자기만의 못자리 논을 갖추고 있다.

지금은 공동 못자리에 들어가지 않는다. 기존 우리 논에 더해 친환경단지 논까지 임대하면서 농지가 스물일곱 마지기로 늘었기 때문이다. 500개나 되는 모판을 공동 못자리에 끼워 넣는 것은 염치없는 짓이다. 민폐 안 끼치고 우리 모를 따로 키우려고 여기저기 못자리 논을 수소문하던 차에 옆마을 심 이장을 만난 것이다. 심 이장의 논은 1만 평이 넘는다. 못자리에 넣는 모판만 1200개다.

못자리 만들기.

못자리, 이 방법뿐일까?

벼농사는 '못자리 만들기'부터 시작한다. 지역마다 약간씩 차이가 있지만, 우리 지역은 대체로 4월에 못자리를 만들고 5월 한 달간 못자리에서 모를 길러 6월 초에 모내기를 한다. 모내기철이 되면 모판을 모두 빼낸 못자리도 재정비를 통해 원래의 논으로 돌아간다.

못자리를 어떻게 만드느냐에 따라 모판을 넣고 뺄 때의 노동력 투여량이 달라진다. 오래전 강화의 소농들과 함께했던 못자리나 본격 귀농 후 곡성의 소농들과 했던 공동 못자리에는 많은 일손이 필요했다. 모판이 실린 트럭 짐칸에서 도로와 논둑을 거쳐 못자리 논 안쪽까지 사람들이 일렬로 늘어서서 손에 손으로 모판을 전달하는 방식이었다. 발이 푹푹 빠지는 질퍽한 논이라 걸어 다니기도 힘들었으니 전달의 협업이 그나마 용이했다. 그러나 정말 이 방법밖에 없을까?

요즘은 도로에서 못자리까지 컨베이어벨트를 설치해 모판을 기계로 이동시키기도 한다. 모판을 수천 개씩 만드는 대농들은 그 많은 모판을 사람 손으로 나를 수 없으니 초기 비용이 들더라도 기계를 들여 효율을 높인다. 하지만 가족 단위 소규모 농사를 짓는 농부들은 저비용으로 최선의 효율을 찾아야 한다. 심 이장은 남의 일손을 빌리지 않고 아내와 둘이서 할 수 있는 못자리를 궁리했다. 벼농사뿐 아니라 딸기와 메론 농사도 해야 하니 제한된 시간과 체력을 효율적으로 써야 했을 것이다. 핵심은 모판이 실린 트럭과 못자

리의 접근성이었다. '트럭이 아예 논으로 들어간다면 어떨까?'

트럭이 논으로 들어가려면 논이 바싹 말라 있어야 한다. 심 이장은 '마른 못자리'를 만들기로 했다. 그가 못자리 만드는 과정은 다음과 같다.

① 논 한가운데 못자리 범위를 정하고 트랙터로 마른 로터리를 친다.
② 관리기로 낮은 두렁을 지어 사면을 막는다.
③ 지하수를 끌어와 두렁 안에 채우고 다시 물 로터리를 친다.

논 가운데 만든 못자리.

④ 흙탕물이 가라앉도록 이틀쯤 기다린다.

⑤ 반듯하게 줄을 띄우고, 줄 따라 긴 호미나 쇠갈퀴로 논흙을 파 올려 고랑을 만든다.

⑥ 돌을 묶은 나무판이나 쇠로 된 묵직한 평탄 도구를 두 사람이 양쪽에서 붙잡고 끌어당겨 두둑 평탄 작업을 한다.

⑦ 모든 작업이 끝나면 물을 빼고 땅을 말린다.

③~⑥번은 다른 못자리에도 공통된 과정이다. 심 이장의 못자리는 ①번 ②번과 ⑦번이 핵심이다. 트럭이 못자리로 진입할 수 있는 경로를 확보하여 모판의 이동 거리를 단축하고, 못자리를 바싹 말려서 사람이 편하게 걸어 다니도록 하는 것. 그가 만든 못자리 앞에서 우리는 뒤통수를 얻어맞은 느낌이었다. 그렇지. 예전 방식을 의심하지 않고 그대로 반복하는 것, 그것을 '답습'이라 하지.

못자리 만드는 과정 중 ①~③번은 트랙터와 관리기로 하지만, ⑤~⑥번은 사람 손으로 해야 한다. 꽤 고된 작업이다. 고랑 만들기까지 해 놓고 두둑 평탄 작업할 날을 정하자 했는데 심 이장이 별말이 없다. 우리한테 알리지 않고 부부 둘이서 해치울까 봐 마음이 쓰인다. 기다려도 연락이 오지 않아 못자리 논에 가 보니 아니나 다를까, 부부가 논흙 범벅인 채 무거운 평탄 도구를 끌고 있다. 아니, 연락도 안 하고 둘이서만 일을 하면 어쩌냐고 하니 두 사람이 웃으며 손사래를 친다.

"금방 해요."

"우리끼리 해도 충분해요."

그 마음 잘 알지만 그래서는 안 되지. 옆사람이 물장화를 신고 곧장 논으로 들어간다.

묵직한 쇳덩이를 판자에 고정시켜 평탄 도구로 사용한다.

볍씨가 꿈꾸는 쌀밥의 무게

볍씨를 매만지는 마음

이것은 살아 있는 생명체

볍씨 포대를 꺼낸다. 지난가을 아홉 배미 논 가운데 알곡이 가장 충실했던 논에서 수확한 볍씨다. 볍씨를 꺼내면 비로소 한 해가 시작되는 느낌이다. 달력의 새해가 시작된 지 이미 넉 달이나 지났지만 농부의 한 해는 볍씨가 출발점이다.

    볍씨 한 가마가 이루어 낼 가을의 성과를 상상하는 일은 직장인일 때 가졌던 연봉의 기대감과 사뭇 다르다. 소득이 노동력 투여량에 비례하지 않고, 자연재해의 불확실성과 맹목의 정치에 영향을 받으며, 최선의 노력이 최선의 결과로 이어질지 미지수인 직업이 농부지만, 그럼에도 한 해 농사를 앞두고 볍씨를 매만지는 마음은 설렌다. 이것은 살아 있는 생명체, 장악하고 경쟁하고 앞서려는 강박 없이 오직 보살피고 아끼고 북돋는 과정이 농사니까. 그래서일까. 볍씨가 이룰 가을의 성과는 통장의 숫자가 아니라 쌀밥의 무게로 온다. 이 심리적 든든함을 남들이 이해할지 모르겠다.

볍씨를 소금물에 담가 종자를 가리는 일을 염수선(鹽水選)이라 한다. 소금물의 농도는 달걀을 띄워 수면 위로 오백 원 동전 크기만큼 떠오를 정도이니, 장 담글 때만큼이나 진하다. 소금물에 볍씨를 담가

충실한 볍씨.

휘저으면 까라기와 쭉정이, 부실한 볍씨가 우르르 뜨는데, 이것들을 뜰채로 건져서 내버리고 가라앉은 볍씨만 종자로 쓴다. 염수선은 병든 볍씨를 가려내 소독 효과를 높이는 중요한 과정이다. 소금물에 종자를 너무 오래 담그면 발아율이 떨어지니 최대한 빨리 건져서 맑은 물로 여러 번 헹군다. 염수선을 하기 전에 농업기술센터에서 빌려 주는 종자탈망선별기로 까라기와 쭉정이를 일차 걸러 주면 더 좋다.

종자 소독은 필수다. 소독을 소홀히 하면 키다리병, 도열병,

소금물에 뜬 쭉정이와 부실한 볍씨.

벼잎선충 등 병해충 발생 위험이 높다. 종자 전염병인 키다리병은 특히 위험하다. 모판의 어린모가 정상보다 1.5배 이상 웃자라다 1~2주 내에 말라 죽는 병으로 전염성이 매우 강하다. 감염된 모가 논에 들어가면 벼꽃이 피지 않고 말라죽는데, 반경 50미터의 다른 벼들을 감염시켜 다음 해 종자에서 키다리병을 발생시킨다.

관행농(화학비료와 농약을 사용해 작물을 재배하는 관행적인 농업 형태)에서는 약품소독을 하는 경우가 많지만 우리는 온탕소독을 한다. 60~62도의 뜨거운 물에 볍씨를 10분간 담갔다가 다시 찬물에 10분 이상 담그는 방법이다. 60도는 맨손을 넣기 힘들 만큼 뜨거운 온도다. 그 뜨거운 물에서 볍씨가 삶아지지 않고 살아 있다는 것이 참 신기하다.

볍씨 소독하는 날, 이른 아침부터 화덕에 불을 지펴 물을 끓인다. 대형 고무통에도 따로 물을 받아 온수 히터를 담근다. 물 양이 많으니 60도까지 온도를 높이는 데 두어 시간 걸린다. 볍씨는 그물망 자루에 7~8킬로그램씩 나누어 담는다. 40킬로그램 볍씨 두 포대가 그물망 10~12개에 담긴다.

고무통의 물이 60도로 뜨거워지면 볍씨 자루를 넣는다. 온수와 볍씨 비율은 대략 10:1이다. 볍씨가 들어가면 물 온도가 뚝 떨어지므로 화덕의 뜨거운 물을 갖다 부으며 최대한 60도에 맞추어 준다. 담근 지 10분이 되면 자루를 건져 재빨리 찬물에 담근다. 뜨끈한 볍씨 자루를 빠르게 식히기 위해 호스로 계속 찬물을 공급해 준다.

다시 고무통의 물을 60도로 올려서 다음 볍씨 자루를 넣는다. 물 양에 맞추어 볍씨 자루를 조금씩 넣어야 하니 시간이 오래 걸린다. 동트자마자 시작한 온탕소독이 점심 무렵에야 끝난다.

여러 해 동안 이런 방식으로 온탕소독을 해 왔는데, 지금은 농업기술센터의 온탕소독 서비스 덕에 종자 소독이 매우 간편해졌다. 볍씨 자루를 농업기술센터에 가져가면 적정 온도가 상시 유지되는 대형 온탕소독기에 담글 수 있다. 기술센터의 온탕소독기는 가정용 고무통보다 몇 배 크다. 설정된 시간이 되면 기계가 볍씨 자루를 들어 올려 곧바로 찬물이 담긴 대형 통으로 이동해 식힌다. 집에서는 한나절 넘게 걸리던 온탕소독이 여기서는 30분 만에 끝난다. 종자 소독, 미생물 액비 공급, 농기계 대여 등 농사에 필요한 서비스를 제공하는 농업기술센터가 참 고맙다.

아기 볍씨 눈 뜨다

소독을 마친 볍씨는 발아 과정으로 들어간다. 모판에서 싹을 잘 올릴 수 있도록 미리 볍씨의 눈을 틔워 주는 것이다. 낮 동안 큰 대야 물에 푹 잠기도록 볍씨 포대를 담그고 밤에는 꺼내는 일을 1주일간 계속한다. 물은 매일 갈아 주어야 한다. 습도를 유지하면서도 볍씨가 썩지 않게 하는 방법이다.

볍씨 발아에 필요한 적산온도(積算溫度)는 100도다. 적산온도

파종하기 좋을 만큼 발아한 볍씨.

란 작물의 생육에 필요한 열량 지표로 생육일수와 일평균기온을 곱한 값이다. 즉, 적산온도 100도에 도달하려면 일평균기온이 20도일 때 약 5일, 15도일 때 약 7일이 소요된다. '볍씨 발아기'를 사용하면 더 빨리 적산온도에 이를 수 있다. 발아기로 물 온도를 32도에 맞춘 후 3일간 볍씨를 담그면 파종하기 적당할 만큼 볍씨가 발아한다. 볍씨 발아기는 온도 유지와 산소 공급을 동시에 하므로 밤마다 볍씨를 건져 내지 않아도 볍씨가 썩지 않는다.

볍씨가 발아하는 동안 상토를 준비한다. 상토는 아기 볍씨가 자랄 요람의 첫 흙이다. 십수 년 전만 해도 마사토나 황토를 일일이 체에 내려 상토를 만들거나 상토제조기를 이용하는 농부들이 많았다. 상토제조기는 삽으로 흙을 퍼 넣으면 철망으로 된 통이 돌면서 돌과 흙을 분리시켜 주는 기계다. 지금은 가볍고 질 좋은 상토를 농협에서 포대로 판다. 흙을 체로 치는 수고를 덜었을 뿐만 아니라 가벼운 상토 덕에 모판의 무게도 가벼워져 못자리하는 노고가 많이 줄어들었다.

    파종 역시 예전에는 일일이 손으로 했지만 지금은 컨베이어 벨트로 돌아가는 파종기를 사용한다. 일정한 속도로 지나가는 모판 위로 일정한 분량의 볍씨가 뿌려지므로 손으로 볍씨를 흩뿌리는 것보다 훨씬 빠르고 고르게 파종이 된다. 파종기는 총 4단계로 되어 있다. ① 빈 모판 바닥에 상토를 깐다. ② 상토 위에 물을 뿌린다. ③ 볍씨를 뿌린다. ④ 볍씨 위에 상토를 덮는다. 하지만 우리가 빌릴

심 이장네 파종기는 ②~④까지만 있는 3단계 파종기라서 ①번 '상토 깔기'는 수작업으로 미리 해 두어야 한다.

비닐집 안에서 모판에 상토 깔기 작업을 한다. 유기농 상토는 일반 상토와 달리 비료 성분이 들어 있지 않다. 우리가 쓰는 상토는 '유기농 수도용 상토'다. '수도용'이라기에 처음에는 일상적으로 쓰는 물 '수도'인 줄 알고 갸웃했었다. 여기서 말하는 '수도'는 물 수(水)에 벼 도(稻)로, 논에 물을 대어 심는 벼를 뜻한다. 이렇게 어렵고 헷갈리는

수작업으로 상토 깔기.

용어를 굳이 쓸 필요가 있나 싶지만 농협이나 농자재상, 다수의 농민들이 다들 자연스럽게 구사하는 용어이다 보니 내 쪽에서 적응하는 수밖에 없다. 이렇게 농업 전문용어 사용자 그룹으로 진입한다.

깊이를 맞춘 도구로 상토를 반듯하게 밀어내어 모판 바닥에 상토를 채운다. 바닥 상토 위로 볍씨와 복토가 올라갈 공간이 있어야 한다. 자재상에서 플라스틱 밀대를 팔지만 우린 굴러다니는 판재 자투리를 오려서 밑대로 사용한다. 상토를 채운 모판은 트럭에 차곡차곡 싣는다. 모판이 많은 만큼 시간이 꽤 걸린다.

볍씨 발아는 잘 되었다. "볍씨 틀 때가 되었는데 ……." 중얼거리며 아침저녁으로 발아 통 속 볍씨를 한 줌씩 꺼내 돋보기로 들여다보던 옆사람 얼굴이 활짝 폈다. 작년에는 볍씨 발아에 실패해 무려 100킬로그램 분량의 볍씨를 몽땅 내버리고 새 볍씨로 발아 작업을 다시 했었다. 발아기 사용이 처음이라 서툴러서 볍씨 자루를 고무통에 너무 꽉 차게 넣는 바람에 산소 부족으로 발아 상태가 고르지 못했던 것이다. 한 해 농사 출발선에서 엎어진 셈이라 옆사람 마음고생이 컸다. 올해는 대형 고무통을 이용해 볍씨 자루가 넉넉하게 잠기도록 하여 적산온도를 맞추었더니 볍씨들이 제시간에 반짝반짝 눈을 떴다. 아기 볍씨들이 하얀 젖니 같은 촉을 쏙쏙 내미는 모습은 참 사랑스럽다. '나 여기 살아 있어요!'라고 저마다 와글와글 앞다투어 소리치는 듯하다.

삶의 최대치를 소진하기를

파종은 심 이장네 마당에서 한다. 팔순의 할머니부터 열두 살 막내 딸까지 심 이장네 온 식구가 다 모였다. 우리도 멀리 사는 아들이 휴일이라고 내려온 덕에 체면이 좀 섰다. 모판과 상토, 볍씨는 각자 따로 준비한다. 심 이장네와 우리는 벼의 종자도 다르고 사용하는 상토도 다르기 때문이다.

먼저 심 이장네 모판이 기계로 들어간다. 우르르 달려들어 각자의 위치에서 작업을 시작한다. 파종 작업에는 최소한 여섯 명이 필요하다. ① 상토가 깔린 모판을 날라다 주는 사람, ② 모판을 기계에 넣는 사람, ③ 볍씨 넣으며 파종 상태를 점검하는 사람, ④ 상토를 기계의 통에 붓는 사람, ⑤ 기계에서 나오는 모판을 꺼내는 사람, ⑥ 완성된 모판을 옮겨 쌓는 사람. 이 가운데 ③번, 볍씨 넣는 위치가 가장 중요하다. 모판 위로 볍씨가 고르게 뿌려지는지 살피다가 허전한 자리가 보이면 즉시 손으로 볍씨를 보충해 주어야 하기 때문이다. 기계의 속도에 맞추어 매의 눈으로 살피고 빠르게 볍씨를 흩뿌려야 하는 자리라서 베테랑 농부 심 이장이 지킨다.

시골집은 역시 마당이 중요하다. 파종을 하고, 벼와 고추를 말리고, 참깨와 콩을 타작하는 장소가 바로 마당이다. 마당은 편평하고 넓어야 한다. 심 이장네 넓은 마당은 농사짓는 데 안성맞춤이다. 대형 비닐을 마당에 깔고 파종기를 빠져나온 모판을 비닐 위로 차곡차곡

쌓는다. 심 이장네 모판 파종이 드디어 끝났다. 파종기의 전원을 끄고 기계에 남아 있던 상토와 볍씨를 다 쏟아 버린 후 잠시 쉬며 새참을 먹는다.

다음은 우리 모판이 들어갈 차례다. 우리가 가져온 상토와 우리 볍씨를 통에 부은 후 다시 파종기의 전원을 넣는다. 기계가 돌아가기 시작하면 기계의 속도에 사람 손을 맞춘다. 기계 없이 했다면 이틀은 꼬박 걸렸을 일이 한나절 만에 다 끝난다. 심 이장네 모판 1200개와 우리 모판 500개가 점심 전에 다 만들어졌다.

상토 깔린 모판 위로 물, 볍씨, 상토가 덮이며 이동한다.

대형 비닐 위에 '상자 쌓기'한 모판 위로 검은 부직포를 덮고, 모판 전체를 보자기 쌈하듯 비닐로 감싸 덮어 준다. 바람에 비닐이 들썩이지 않도록 넓적한 팔레트나 쇠파이프로 눌러 주면 모든 작업이 끝난다. 파종한 모판을 비닐로 감싸는 것은 초기 볍씨 성장을 촉진하기 위해서다. 이 상태로 사나흘쯤 놓아둔다. 며칠 지나 벼의 싹이 상토를 뚫고 올라오면 못자리로 옮길 것이다.

심 이장네 아이들은 웬만한 어른보다 농사일을 잘한다. 고3, 고1인 두 아들은 중학생 때부터 트랙터를 몰고 논을 척척 갈았다. 파종할 때는 세 아이를 포함해 온 가족이 파종기의 공정을 나누어 맡아 순식간에 일을 해치운다. 파종기의 컨베이어벨트 끝으로 빠져나온 모판은 물에 젖은 상토가 겹으로 덮여 상당히 무겁다. 두 형제가 그 무거운 것을 다섯 개씩 쌓아서 불끈불끈 들어 나른다. 일하며 싫은 내색하는 모습을 한 번도 본 적이 없다. 부모님 돕는 것을 당연하게 여기는 철든 아이들이다.

연세가 아흔둘인 마을 어른도 오셔서 손을 보태셨다. 10대 아이들과 90대 노인이 함께 일하는 장면은 가슴 뭉클한 데가 있다. 도시살이의 기억을 다 뒤져도 이 비슷한 기억을 못 찾겠다. 농경사회 대가족 하에서 흔했을 세대 간 협업의 풍경은 이제 흑백사진에서나 볼 수 있는 박제된 기억이 되었다. 그 아득한 장면이 이 봄날, 불쑥 내 눈 앞에 펼쳐진 것이다.

이 마을에는 아흔 넘는 어른이 세 분이나 계신다. 평생토록 뼈가 닳게 일해 오신 분들이지만 아직도 몸이 허락하는 한 자신의 몫을 다하려 하신다. 기대지 않고 빚지지 않으며 힘닿는 대로 돕고자 하는 마음. 파종 뒷마무리에 손길 하나라도 보태려 애쓰시는 어른에게서 삶의 존엄을 본다. 바로 저렇게 주어진 삶의 최대치를 소진하고 떠나는 것, 우리의 로망이다.

10대 아이들과 90대 어른이 함께 일하는 모습.

호찌민과 생일이 같은 그녀

못자리에 어린 벼를 넣다

어린이날에 못자리를 하려 했는데 일이 어그러졌다. 주말과 연결된 휴일이라 멀리 사는 아들도 오기로 했고 심 이장네 아이들도 학교에 안 가니 일손이 넉넉하다 싶었는데 웬걸, 5월 4일부터 연사흘 비 예보다. 비가 오면 논이 질척해 트럭이 못자리로 들어갈 수 없다. 어쩌겠는가. 일꾼을 사서라도 비 오기 전에 해치울 수밖에.

모판을 못자리로 옮기기 위해 심 이장 집으로 갔다. 모판을 감싼 비닐을 벗기니 하얀 싹이 잘 올라와 있다. 파종 후 대형 비닐로 모판을 감싸 출아 온도를 맞추어 준 덕이다.

'출아'란 종자가 복토(씨앗 위로 덮는 흙)를 뚫고 첫 싹을 올리는

상토를 뚫고 뾰족뾰족 솟은 벼의 싹. 습기가 이슬처럼 맺혔다.

것을 말한다. 30~32도로 온도를 맞춘 가온출아실이나 전열육묘기를 사용해 출아하는 경우도 많다는데, 우리 같은 일반 농가는 노지에서 무가온 간이출아를 한다. 바닥에 비닐을 깔아 지면의 냉기를 막고 모판을 겹겹이 '상자 쌓기' 한 후, 태양의 열기가 직접 닿지 않도록 부직포를 덮고 대형 비닐로 감싸 사나흘 노지에 두는 것이다. 못자리할 때 출아 과정은 매우 중요하다. 이 과정을 생략하면 못자리에서 싹 나는 기간이 길어지고, 볍씨가 물에 잠겨 썩을 확률이 높으며, 모가 균일한 성장을 하기 어렵다.

미리 만들어 둔 못자리는 바닥이 쩍쩍 갈라질 정도로 잘 말라 있다. 이 정도면 트럭 진입에 아무 문제가 없다. 모판을 실은 트럭이 마른 논으로 곧장 진입하자 모판의 이동 경로가 획기적으로 단축된다. 못자리에 물기가 없으니 모판 들고 걸어 다니기도 편하다. 굳이 질펀한 논 가운데 물장화를 신고 일렬로 서 있을 필요가 없다. 모판 나르는 사람도 소수로 충분하다.

　　일을 도우러 온 네댓 명의 이웃과 함께 모판을 옮기기 시작한다. 심 이장네 마당에 쌓인 모판을 두 대의 트럭 짐칸에 올려 싣고, 못자리 논으로 가서 내려 펼치는 일을 반복한다. 트럭에서 내려 준 모판을 받아 못자리 두둑에 줄 맞추어 내려놓는데, 밀려드는 모판에 쉴 틈이 없다. 수없이 허리를 굽히고 무릎을 접는다.

　　잠시 멈추고 쉬는 사이 오토바이를 몰고 횡하니 사라진 은주 씨가 새참 바구니를 싣고 돌아온다. 농사일에 새참은 필수다. 논두

물 댄 못자리.　　　　　　　　　　　마른 못자리.

렁에 둘러앉아 은주 씨가 가져온 치킨과 음료를 나누어 먹는다.
　"플라스틱 모판이 없던 옛날에는 모를 어떻게 옮겼지?" 문득 옛날 못자리가 궁금해져서 물으니, 시골에서 나고 자란 옆사람이 대답한다. "볍씨를 못자리에다 바로 뿌렸지. 모가 모내기할 정도로 자라면 어른들이 볏짚 줄기를 다듬었어. 볏짚을 물에 적셔서 훑어 내면 볏줄기만 남거든. 그거 모아서 한 묶음씩 허리춤에 차고 못자리로 들어가지. 못자리에서 모를 찌어(어린모가 다치지 않게 조심스레 뽑는 일) 허리춤에서 한 가닥씩 뺀 볏줄기로 묶어서 한 뭉치씩 만들어. 그걸 모내기할 논까지 바지게로 날랐어. 모내기하는 날에는 애들도 학교에 안 가. 일을 거들어야 하니까. 어른들은 줄 맞추어 모를 심고 애들은 모 뭉치를 옮겨 놓는 일을 했지."

새참을 먹고 다시 기운 차려 일을 시작한다. 모판 1700개를 세 시간 만에 다 내려놓았다. 역시 사람 손이 무섭다. 이제 부직포만 덮으면 된다. 두둑에 가지런히 배열한 모판 위로 대형 부직포를 당겨서 덮고 비바람에 들썩이지 않도록 삽으로 흙을 퍼 가장자리를 눌러 준다. 부직포 덮기를 다 마치니 심 이장이 딸기 하우스 관정의 호스를 끌어와 논에 물을 댄다. 쩍쩍 갈라진 마른 논으로 지하수가 콸콸 쏟아져 들어간다. 어린 벼의 생명줄이다.

모판 위로 부직포를 덮고 흙덩이로 눌러 준다.

강하게 살려고요

고추밭 풀을 매고 있는데 휴대전화가 울린다. 은주 씨다. "형님, 오늘 저녁에 약속 없어요? 저희랑 식사 같이해요." "오늘 무슨 일 있어요?" "아니, 그냥요. 같이 회 먹으러 가요. 시숙님이랑 저희 집으로 여섯 시까지 오세요."

은주 씨는 우리 집 남자를 '시숙님'이라 부른다. 그녀의 남편이 '형님'이라 부르는 이들은 모두 그녀의 '시숙님'이다. 은주 씨의 남편은 바로 우리와 못자리를 함께하는 심 이장이다. 심 이장이 우리집 남자한테 '형님'이라 부르자 그녀가 따라서 '시숙님'이라 불렀고 엉겁결에 나도 그녀의 '형님'이 되어 버렸다. 이거 참.

'강은주'라는 이름은 그녀가 직접 지었다. "강하게 살려고요." 성을 강씨로 정한 이유란다. 본명은 '휜 티 투 야우'. 태어난 곳은 베트남 남동부 떠이닌 시. 호찌민 시에서 동북쪽으로 한 시간 거리에 있는 도시다. 베트남 처녀 휜 티 투 야우는 스무 살에 한국으로 시집와 전라도 여자 강은주로 19년을 살았다. 말도 통하지 않고 문화도 전혀 다른 낯선 땅에 혼자 떨어진 스무 살 어린 신부가 겪었을 고충과 갈등, 외로움이 짐작된다. 많이 울었겠지. 그리고 다짐했을 것이다. 강해지자고. 강한 강은주가 되자고.

그녀의 식사 초대에는 이유가 있었다. 생일이란다. 그녀는 1985년 1월에 태어났지만 생일은 5월 19일이다. 그녀의 아버지가 5월 19일을 생일로 정해 주었고, 그녀는 평생 그날을 생일로 기념한다. "아버지가 호찌민처럼 훌륭한 사람이 되라고 했어요." 놀라워하는 우리에게 그녀가 덧붙인다. "베트남에는 태어난 날이 달라도 생일은 5월 19일로 똑같은 사람 많아요." 호찌민 주석이 태어난 날이 1890년 5월 19일이다. 국민 다수가 기억하고 공유하는 특별한 생일에서 전쟁의 참화와 무수한 희생 끝에 이루어 낸 베트남의 승리와 자부가 읽힌다.

남의 생일도 못 챙기고 내 생일도 누가 일러 주지 않으면 모르

오토바이를 탄 은주 씨.

고 지나치기 일쑤지만 그녀의 생일은 잊기 어렵겠다. 호찌민 생일이어서가 아니라 5·18 다음날이라서. 1980년 광주를 생각하면 가슴에 천근 돌덩이가 얹히는 느낌이다. 학살자는 돈방석에 앉아 천수를 누렸고, 음험한 세력의 왜곡과 모욕은 집요하고 끈질기다. 바로잡고 단죄하지 못한 역사의 후과가 너무도 크다.

그녀는 6남매의 막내라 했다. 맏이인 큰언니와 20년 차이가 난단다. "큰언니는 오십구 살이에요. 저한테 엄마 같아요." 그 말에 "그래요? 나랑 나이가 같네" 했다. 뜻밖이라는 듯 그녀가 놀란다. 술 한잔 건배하며 무슨 말끝에 그녀가 나를 '언니'라고 부르더니 얼른 '형님'으로 정정한다. "언니라고 부르니 더 좋네요"라고 대꾸했더니 그녀가 반색을 한다. 형님-동서는 남편들을 매개로 한 호칭이지만 언니-동생은 당사자들이 직접 맺는 관계다. "그럼 언니라고 할게요. 언니 좋아요. 우리 큰언니랑 나이도 같고요."

사이공의 흰옷

"언니, 딸기 따 가세요."

봄 딸기 농사를 마무리하니 얼마든지 따 가라는 은주 씨의 전화를 받았다. 플라스틱 바구니 세 개를 챙겨 딸기 하우스로 갔더니 은주 씨가 기다리고 있다. 내가 바구니 두 개를 겨우 채우는 사이, 은주 씨는 바구니 한 개와 스티로폼 상자 네 개에 딸기를 가득 따서 내 차에 실어 준다. 그녀가 따 준 딸기는 내가 딴 딸기보다 훨씬 크고 실하다.

똑똑하고 부지런하고 일 잘하고 손도 큰 은주 씨. 하우스 농사 규모도 만만찮은데 1만 평 벼농사에 고추, 들깨, 참깨 등 갖가지 밭작물까지 짓는다. 입이 다물어지지 않을 정도의 엄청난 일을 남편과 함께 척척 해낸다. 남편이 이장이니 마을 일 뒷바라지도 일상이다. 음식 솜씨도 뛰어나 마을 공동식사에 차려 낸 나물과 밑반찬, 탕과 찜, 갓 담근 전라도 김치의 맛에 감탄사가 나온다. 이웃을 불러 밥 먹이는 일도 예사로 하고, 인정이 많아 남들에게 잘 퍼 준다. 상

딸기 하우스에서 끝물 딸기를 실컷 땄다.

황 판단력도 뛰어나고 한국말의 깊은 뉘앙스까지 잘 이해한다.

23일자 비행기표를 끊었다고 은주 씨가 말한다. "엄마 제사예요." 남편은 농사일로 바쁘고 두 아들은 공부해야 하니 막내딸만 데리고 다녀올 것이라고 한다. "5년 전 엄마 돌아가셨어요. 코로나19 때문에 제사 처음 가요. 1주일은 너무 짧아요." 아버지와 어머니 두 분 다 안 계신 옛집에 들어갈 때 그녀는 어떤 마음일까. 강은주가 아닌 휜 티 투 야우로 돌아가 눈물을 쏟을 것 같다. 비행기로 오가는 이틀 빼고 딱 닷새, 아깝고 알뜰한 시간일 것이다. 해석이 필요 없는 모국어로 언니 오빠 들과 수다도 실컷 떨겠지.

1986년 대학 3학년 때 읽었던 《사이공의 흰옷》은 내가 처음 만난 베트남이었다. 조국의 독립을 위해 죽음을 무릅썼던 1960년대 베트남 학생들의 투쟁은 1980년대 군사독재정권과 싸우던 우리 이야기와 다르지 않았다. 체포와 투옥, 고문, 강제징집과 의문사는 1980년대 대학생들에게도 일상이었으니까. 두려운 싸움 앞에서 회피하지 않았던 이들, 최루탄과 곤봉에 맞아 쓰러지고 제 몸에 불을 붙여 저항했던 이들이 이루고 싶었던 미래가 과연 '지금'일까? 한숨 쉬며 고개 젓는다. 이런 나라를 꿈꾸었을 리가……. 꿈꾸었으나 여전히 멀기만 한 미래, 그러나 몸을 부수어 가며 싸운 이들 덕에 근근이 여기까지 온 것도 사실이지. 사이공의 투쟁과 광주의 저항을 떠올리면 가슴 밑바닥에서 묵직한 통증이 인다.

베트남은 전쟁에서 승리했고 사이공은 1975년 호찌민으로 시

이름을 바꾸었다. 나는 언젠가 은주 씨에게 베트남 전쟁 당시 한국군의 민간인 학살 만행에 대해 한국인으로서 미안한 마음을 갖고 있다고 말한 적이 있다. 그녀는 웃을 뿐 별 대꾸를 하지 않았다.

이 많은 모판을 어찌 옮기지?

빚지고 산다

어린모는 한 달간 못자리에서 자란다. 못자리는 물관리가 핵심이다. 물을 줄 때는 상토 속까지 충분히 스며들도록 준다. 물이 모판 바닥까지 차올라 모가 넉넉히 물을 빨아들이면 물꼬를 터서 다시 물을 빼 준다. 수분을 주되 과습은 막는 것이다. 상토가 물에 오래 잠기면 곰팡이가 생기거나 모가 웃자랄 위험이 있다. 심 이장은 매일 모의 상태를 들여다보고 물을 대고 빼는 일을 한 달 내내 반복한다. 정성스러운 그의 손길로 어린모들이 파릇파릇 자란다. "못자리가 벼농사의 절반"이라는 말이 실감난다.

못자리한 지 보름이 지나니 덮어 둔 부직포가 팽팽해진다. 모

못자리한 지 2주째, 모가 많이 자랐다.   3주째, 부직포를 모두 걷었다.

가 쑥쑥 자라 부직포를 밀어 올린 것이다. 가장자리의 흙덩이를 움직여 부직포를 느슨하게 해 준다. 부직포는 모내기 1주일 전에 벗겨낼 예정이다. 그 무렵이면 냉해를 걱정하지 않아도 될 만큼 기온이 오르고, 모내기를 앞둔 어린 벼도 햇살과 바람에 적응해야 하니까.

부직포 못자리 육묘 기술은 1990년대 후반부터 시작되었다. 그 전에는 활대를 꽂아 비닐로 덮는 '보온절충못자리'를 했는데, 외부기온이 오르면 비닐 내부가 뜨거워져 반드시 통풍을 시켜 주어야 했다. 부직포는 모판 위에 바로 덮어도 되니 활대 꽂을 일이 없고, 통기성이 좋으니 통풍에 신경 쓰지 않아도 된다. 차광성과 보온성도 좋아 고온다습과 냉해 피해를 예방할 수 있고, 여러 번 재사용이 가능해 경제적이기까지 하다. 나는 종종 감탄한다. "대체 누가 이런 것을 개발했지?"

못자리에서 모판을 뗄 때도 비슷한 감탄을 한다. "이 신통한 모판을 누가 고안했지?" 구형 모판은 물구멍이 많아서 모 뿌리가 구멍을 빠져나가 못자리 논에 깊이 박혔다. 모판을 떼려면 모 뿌리를 뜯어내야 하니 힘이 몹시 들고 모 뿌리도 상했다. 신형 모판은 물구멍을 최소화하면서 바닥에 미세한 홈을 내, 물도 잘 빠지고 모의 뿌리도 밖으로 뻗지 않게 만들어졌다. 단순해 보이지만 혁신적이다.

불편을 개선하고, 효율을 높이기 위해 궁리하고 실험하고 실패하고 재도전하는 사람들이 있다. 효과를 증명하고 상용화하기까지 고민과 시행착오를 거듭했을 것이다. 그 덕을 지금 우리가 본다. 관습의 경로를 틀어 흐름을 바꾸는 일은 쉽지 않다. 우리가 당연하게 여기는 제반 권리들과 제도화된 민주주의도 오랜 세월 수많은 이들의 고초와 노고, 희생 덕에 얻은 것이다. 평범한 일상조차 알게 모르게 많은 이에게 빚지고 있다.

고물 이앙기 시동이 꺼지다

심 이장과 함께하는 못자리도 어언 3년째다. 모내기를 하려면 못자리에서 자란 모판을 논으로 옮겨야 한다. 작년에는 심 이장이 트랙터로 옮겨 주었는데, 그렇잖아도 일 많은 집에 우리 일거리까지 더하는 꼴이라 염치가 없었다. 고민하던 옆사람이 퇴비 나르려고 산 고물 이앙기를 비닐집 창고에서 끌어냈다. 못자리 논에서 모판 나르는 용도로 쓸 수 있을 것 같아서다. 전날, 심 이장이 트랙터로 날라 주겠다는 것을 극구 사양하면서, 우리 모판은 우리가 알아서 옮길 테니 조금도 신경 쓰지 말라고 미리 말해 두었다.

　　모판 옮기는 날, 고물 이앙기를 못자리 논으로 가져갔다. 이앙기 뒤에 철판을 달고 못자리에서 모판을 하나씩 꺼내 실었다. 이앙기 양옆 빈자리까지 채우니 모두 20개. 한 번에 20개씩 세 번 나르니 트럭 짐칸에 60개를 채울 수 있었다. 트럭을 몰고 모내기할 논으

고물 이앙기에 실은 모판.

결국 사람의 힘으로 끌었다.

로 가서 실어온 모판으로 모내기를 시작했다. 먼지만 뒤집어쓴 채 무용지물로 방치되던 고물이 드디어 역할을 하는구나 싶었다.

모판 60개를 다 쓴 후, 다시 못자리로 돌아와 고물 이앙기에 모판을 싣고 출발하려는데 이앙기 바퀴가 헛돈다. 아무리 애써도 진흙 속에 빠진 바퀴가 꿈쩍도 안 한다. 엔진이 과열되더니 왼쪽 바퀴축에서 요란한 소리가 나고 시동이 꺼진다. 바퀴 앞을 삽질해서 터주고 다시 시도했지만 소용없다. 앞이 캄캄하다. 이 많은 모판을 어찌 옮기지?

"심 이장한테 전화해 볼까?" 했더니 그가 고개를 젓는다. 지금쯤 모내기하느라 심 이장도 정신없이 바쁠 것이다. 옆사람이 고물 이앙기에 달아맨 철판을 떼어 모판을 일곱 개쯤 얹더니 힘으로 잡아끈다. 무거워서 꿈쩍도 안 한다. 두 개를 빼고 다섯 개만 끌어당기니 끌 만하다. 고물 이앙기가 작동했다면 20개씩 세 차례 반복할 일을 다섯 개씩 열두 차례를 왕복해서야 트럭 짐칸이 겨우 채워진다. 둘 다 녹초가 된다.

모판을 싣고 논으로 가서 모내기를 계속한다. 그는 이앙기로 모를 심고, 나는 이앙기에 모판을 올려 준 후 빈 모판을 수로로 가져가 씻는다. 이앙기가 논 저편까지 갔다가 돌아오면 다시 트럭에서 새 모판을 내려 이앙기로 올려 주고 빈 모판을 수로로 가져가 씻는 일을 반복한다. 아침부터 모판 옮기느라 힘을 다 써버려 기운이 바닥을 친다. '힘들구나……' 목장갑 낀 손으로 모판을 문지르며 속말을 한다. 그러다 문득 든 생각. '그래도 도시 떠난 것을 후회한 적이

한 번도 없네.' 후회라니, 참 낯선 단어다. 모판에 붙은 거머리를 떼어 내며 슬쩍 웃었다. 선택한 삶이라고 힘들지 않은 것은 아니지. 힘들어도 감당해야 한다. 내 삶이니까.

120개의 모판을 다 썼는데도 친환경단지 논 네 배미 모내기를 마치지 못했다. 모가 부족하다. 다시 못자리 논으로 가서 모판을 실었다. 철판을 이용해 끌어당기고 트럭에 올려 싣는 일이 반복된다. 못자리와 트럭 사이를 열두 차례 왕복하며 모판 60개를 다 싣고 나니 다리가 휘청거린다.

모내기하는 도중 이앙기에 모판을 채워 넣고 있다.

다시 논으로 가 모내기를 계속한다. 해가 지고 있다. 친환경단지 모내기를 다 마친 시각은 저녁 8시 반, 주위가 어둑어둑하다. 마을의 불빛이 반짝이고 가로등이 길을 비춘다. 식당도 문 닫은 시각, 지친 몸으로 집에 들어가 저녁 지을 쌀을 씻었다.

은주 씨한테 들키다

다음날, 못자리에 처박힌 고물 이앙기를 다시 움직여 보려고 시도하던 옆사람이 심 이장의 아내 강은주 씨한테 들켰다. 아내의 전화를 받은 심 이장이 즉시 트랙터를 몰고 와 꼼짝 못 하던 고물 이앙기를 빼내 준다. 같이 금방 하면 되지 왜 말을 안 하냐고, 부부가 이구동성으로 야단이다. 서늘해지는 오후 다섯 시 반에 만나 나머지 모판을 나르기로 하고, 무용지물 고물 이앙기를 집으로 가져왔다.

오후 5시 반, 농로 저편에서 철제 구조물을 실은 트랙터가 덜커덕거리며 나타난다. 트랙터 뒤를 청색 트럭이 따라온다. 트랙터는 심 이장이, 트럭은 은주 씨가 몰고 있다. 수렁에 빠진 우리를 구하러 온 구조대다.

그때부터 일이 일사천리로 진행된다. 네 사람이 달려들어 못자리에서 모판을 꺼내 트랙터에 착착 싣고, 그 트랙터를 트럭 가까이 바짝 붙인 후 다시 네 사람이 달려들어 트럭에 착착 싣는다. 트럭 두 대에 모판 180개가 순식간에 채워진다. 모판을 실은 두 대의 트력이 앞서거니 뒤서거니 다음 모내기할 논으로 간다. 네 사람이 줄 서서 릴레이로 내리니 해지기 전에 모판 옮기기가 다 끝난다.

저녁 7시, 각자 집에 가서 씻고 다시 만나 식당으로 갔다. 식당 문 닫기 전, 우리가 마지막 손님이다. 저녁을 먹으며 심 이장이 말한다.

"형님, 이런 일 있으면 꼭 말하셔야 합니다. 저는 하나도 힘들 것 없습니다. 트랙터로 하면 금방 하지 않습니까. 형님이 말 못 하시면 형수님이라도 저한테나 이 사람한테 꼭 전화해 주세요."

옆에서 은주 씨도 맞장구를 친다.

"그래요, 언니. 안 힘들어요. 동생처럼 그렇게 해요. 네?"

트랙터에 모판을 실어 트럭으로 옮기고 있다.

 풍년새우와 투구새우가 사는 논

뜬모 한 포기, 곡식 한 대접

논물을 깊이 대다

물장화를 신고 논에 들어간다. 모판에서 찢어 낸 모 뭉치를 손에 들고 서너 포기씩 뜯어 논물의 빈자리에 꽂는다. 좌우로 여섯 줄까지 살피며 한 걸음씩 나아간다. 뜬모를 하는 중이다. 뜬모란 모가 제대로 심어지지 않아 '둥둥 뜬 모'에서 나온 말로, 모의 빈자리를 때우는 일을 '뜬모 한다'고 말한다. 올해는 모가 죽은 자리가 많아서 뜬모 일거리가 몇 배나 늘었다. 여기에는 이유가 있다.

아침마다 옆사람은 논물을 보러 나간다. 물이 줄어든 논에는 물을 대 주고 물이 넘치는 논은 물꼬를 터 준다. "하지가 지나면 발을 물꼬에 담그고 산다"는 옛말이 있을 만큼 이 무렵 논물 관리는 중요하다. 어린모가 왕성하게 새 뿌리를 내리는 시기라서 그렇다.

주변의 다른 논들보다 우리 논의 물이 훨씬 방방한 것은 논물을 깊이 댔기 때문이다. 물이 깊으면 논바닥 풀씨들의 발아가 어렵고 이미 솟아난 풀이라도 수면 아래서 왕우렁이한테 먹힐 확률이 높다. 제초제를 쓰지 않고 초기 풀을 억제하려다 보니 수위 조절에 온 신경을 곤두세운다.

뜬모에 사용할 모 뭉치.

흙이 수면 위로 드러나면 어김없이 풀이 솟는다.   풀로 뒤덮여 잔디밭 같았던 작년 이맘때 논.

작년까지는 물의 깊이를 조절하면서 갈등을 많이 겪었다. 물을 깊이 대면 모가 잠겨서 죽고 물을 얕게 대면 풀이 무섭게 솟으니, 적당한 선을 맞추려고 애쓰다가 그만 풀 지옥에 빠졌다. 모는 살고 풀은 죽는 '적당한 물 높이'는 논바닥이 완벽하게 고르다는 전제하에만 가능하다. 써레질로 최대한 수평을 잡았지만 미미한 높이 차이로 잠기는 모가 생긴다. 그걸 살린다고 물을 조금 빼면 바닥 흙이 높은 곳부터 순식간에 풀로 뒤덮인다. 하루에도 몇 번씩 이 논 저 논을 돌며 물꼬를 텄다 닫았다 노심초사했지만 동시다발로 치솟는 풀을 제어하기에는 역부족이었다. 일단 풀이 수면 위로 솟으면 왕우렁이도 감당하지 못한다. 왕우렁이는 수면 아래로 다니며 물에 잠긴 풀만 먹기 때문이다.

　　모가 잠기는 것에 마음을 쓰다 또다시 1년 농사를 고행으로 만든 후, 옆사람은 다시는 이런 악순환을 반복하지 않겠다고 다짐했다. 우리보다 앞서 유기농 농사를 지었고 우리보다 경작지도 넓은 선배 농부들 말씀이 "풀 관리의 핵심은 물 관리"라 했기 때문이다. 올해는 모가 잠기든 말든 모내기 후 한 달간 논물을 깊게 댔다. 잠긴 모를 포기할지언정 논 전체를 풀 천지로 만들 수는 없었다.

　　물이 깊으니 논바닥이 낮은 곳의 모들은 물에 잠겼다. 키가 작은 모들도 물에 잠겼다. 모의 이파리가 수면 위로 충분히 올라온 것들만 살고, 잠긴 모들은 다 썩어 버렸다. 모가 잠길 정도니 갓 나온 풀들도 잠긴 채 왕우렁이한테 먹혔다. 모내기 후 2주가 지났는데 아직 수면 위로 풀이 안 보인다. 작년 이맘때는 논이 잔디밭 같았는데 말이다. 작년과는 완전히 다른 논을 보며 '물 깊게 대기'의 효과를 실감했다.

벼의 생육단계로 보면, 모내기 후 1주일가량 물을 깊게(6~10센티미터) 대고 그 다음부터는 물을 얕게(1~2센티미터) 대는 것이 정석이다. 그래야 모의 분얼(모포기가 새끼를 쳐서 늘어나는 것)이 왕성해진다. 관행농은 모내기 2~3일 전 써레질할 때 1차 제초제를 치고, 물을 얕게 대는 이 시기에 논 상태를 보아 2차 제초제를 친다. 벼를 제외하고 나머지 풀만 죽이는 '선택성 제초제'다. 제초제로 풀을 이긴 덕에 들판은 벼의 초록 물결로 뒤덮인다.

제초제를 치지 않는 우리는 물을 얕게 대야 한다는 사실을 알면서도 풀이 무서워 그럴 수가 없다. 작년에도 이 시기에 물을 얕게 대지 못했고, 심지어 여름 한 철을 다 바쳐 풀을 매느라 '중간물떼기'도 못했었다. 중간물떼기란 벼꽃이 피기 한 달 전쯤 논바닥이 갈라질 정도로 논을 말려서 벼를 강하게 키우는 방법이다. 해마다 짓는 농사지만 해마다 정석을 따르지 못했고 격렬하게 힘들었다. 어쩌겠나. 지금의 우리로서는 깊은 물로 풀을 이기는 수밖에 없는 것을.

비록 농사의 정석을 따르지는 못했지만 '물 깊이 대기'로 풀의

물미나리 줄기에 왕우렁이 알이 붙어 있다.

억제 효과를 톡톡히 보았다. 물을 깊게 댔더니 잡초의 발아와 생장이 억제되고 왕우렁이의 활동 영역이 커졌다. 본래 풀이 많지 않던 논은 올해 풀이 거의 자취를 감추었고, 해마다 풀이 극성스럽던 논은 올해도 풀이 솟기는 했지만 예년만큼 심하지는 않다. 덕분에 김매기가 훨씬 수월해졌다. 다만, 깊은 물에 잠겨 죽은 모가 많아 그 빈자리를 '뜬모 하기'로 메우는 데 상당 시간을 투여해야 했다.

거머리와 피를 나누다

작년과는 달리 풀이 심하지 않아 좋기는 한데 그 대신 죽은 모가 많다. 생각보다 훨씬 많다. 뜬모 할 양이 작년보다 서너 배는 늘었다. 그래도 괜찮다. 뜬모를 아무리 많이 한들 풀을 매는 고생에 비할까.

  논마다 크기는 다르지만, 논의 이 끝에서 저 끝까지 대략 100미터쯤 된다. 한 걸음씩 뜬모를 하면서 가니 한 시간쯤 걸린다. 풀을 맬 땐 대여섯 시간을 가도 저 끝에 도달하지 못했었다. 벼를 뒤덮은 풀 더미 속에서, 논물 속에 엉거주춤 허리를 굽히고 서서, 해도 해도 끝이 안 보이는 아득함에 기진맥진했었다. 그 무력감이라니…….

  뜬모 하기는 다르다. 한 시간 정도면 논 끝에 도달해서 되돌아올 수 있다. 성과가 눈에 보이니 막막하지 않다. 나름 재미도 있다. "교정지의 오자 잡는 것 같잖아. 적성에 맞아!" 논 가운데서 농담도 한다. 내 손 안의 작은 모포기가 어여쁘다. 빈자리에 모를 꽂을 때면 뜬모 한 포기가 곡식 한 대접이구나, 생각한다(뜬모 한 포기는 개별 모 서너 개가 합쳐진 묶음이다. 벼 세 포기에서 대략 쌀 100그램이 나오니 한 그릇 밥에 해당하는 양이다).

뜬모를 하러 논에 들어가면 논물의 일렁임을 감지한 거머리들이 굼실굼실 헤엄치며 몰려온다. 그러거나 말거나 손에 쥔 모를 뜯어 빈자리를 메운다. 허벅지까지 올라오는 물장화를 신고, 엄지손가락을 걸어서 팔꿈치까지 감싸는 팔토시를 하고, 그 위에 장갑까지 끼었으니 철통방어다. 거머리 서너 마리가 물장화를 한참 더듬거리다가 흡혈에 실패하고 떨어져 나간다.

논일을 할 때는 피부가 노출되지 않도록 늘 조심한다. 긴팔 옷에 장갑만 끼고 논에 들어갔다가 손목 사이로 침투한 거머리에 강제 헌혈을 당한 적이 있다. 철철 흐르는 피를 보면 크게 다친 것 같지만 통증은 전혀 없다. 거머리의 침에는 마취 물질과 혈액 응고를 막는 성분이 들어 있기 때문이다.

작년 모내기 때의 일이다. 모내기 마치고 들어온 옆사람의 젖은 바짓자락에 검붉은 액체가 잔뜩 묻어 있었다. "바지에 뭐가 묻었네?" 했더니 그 역시 "뭐지?" 의아해하며 바짓자락을 걷어 올렸다. 정강이에 손바닥 크기만 한 핏자국이 있고, 흘러내린 피가 양말의 반을 물들이고 있었다. "세상에! 당신 피잖아!"

모내기할 때 물장화 대신 일반 장화를 신었는데 모판을 싣느라 논물과 이앙기를 오르내리는 사이 장화 속으로 논물이 들어갔던 모양이다. 그 논물 속에 거머리도 있었고.

"거머리가 피 빠는 것도 몰랐단 말이야?" 그는 태평하게 웃었다. "나만 잘 먹고 살면 되나. 서로 나누어 먹고 그러는 거지. 세상 이치가!"

철벅거리며 끌고 다닌 그의 장화 속에는 그와 피를 나눈 살찐 거머리가 세 마리나 들어 있었다.

헤엄치는 거머리.

놀라운 생존력, 풍년새우 알

논에서 일하다 보면 논에 사는 생물들이 잘 보인다. 모내기 직후 풀어 넣은 어린 왕우렁이는 벌써 자라 알을 낳기 시작했다. 논둑에는 어른 참개구리가 뛰어다니고, 뒷다리가 갓 나온 올챙이며 꼬리가 뻐죽한 청소년 개구리들이 물달개비 밑에서 첨벙거린다.

우리 논에는 미꾸라지도 많다. 뜬모 하려고 논가에 놓아둔 모판 속에 미꾸라지 두 마리가 들어와 있었다. 물달팽이, 실지렁이, 늑대거미도 보인다. 소금쟁이는 스케이트를 타듯 수면 위를 종횡무진하고, 송장헤엄치개는 드러누워 사냥감을 탐색한다. 얼마 전에는 수면 위를 우사인 볼트처럼 내달리는 땅강아지 여럿을 보았다. 흙 속에 사는 땅강아지가 논물 위를 내달릴 줄은 상상도 못 했다.

논물에 초록 새우가 무수히 헤엄치고 있다. 작고 투명해서 알아채기 어렵지만 유심히 들여다보면 다 보인다. 수면 아래 푸르고 투명한 것들의 바쁜 움직임, 바로 '풍년새우'다. 이 새우가 많이 발생한 해는 풍년이 든다고 해서 풍년새우라는 이름이 붙었다. 근거 없는 이야기는 아니다. 풍년새우가 많다는 것은 풍년새우의 주된 먹잇감인 논흙 속 유기물도 그만큼 많다는 이야기니까.

풍년새우는 갑각이 없다. 몸이 투명해 속이 환히 보인다. 녹조류를 먹은 수컷의 몸은 맑은 초록이다. 암컷의 뱃속에는 흰 알들이 가득하다. 머리 양쪽으로 새까만 두 눈이 또록또록, 꼬리는 주홍

빛으로 날렵한 V자형이다. 풍년새우는 등을 아래로 한 채 여러 개의 다리를 움직여 배영으로 헤엄친다.

풍년새우는 논에 물을 떼지만 않으면 10월까지도 생존이 가능하다고 한다. 하지만 수확 전까지 몇 번의 물떼기 과정이 있으니 마른 논에서 생존하기란 거의 불가능하다. 갑각도 없는 취약한 개체지만 알 속에는 특별한 생존력이 들어 있다. 풍년새우 알은 바짝 말라도 죽지 않는다. 마치 꽃씨처럼. 1~2년도 아니고 10년이나 생존한다니 꽃씨보다 더 강하다. 완전건조 상태로 때를 기다리다 물을 만나면 꽃씨가 발아하듯, 마른 가지에 물오르듯, 까만 두 눈을 반짝 뜨고 꿈틀대기 시작하는 것이다. 얼마나 드라마틱한가!

풍년새우가 논물에 가득하다.

흰 알을 품은 쪽이 암컷, 그 옆은 수컷이다.

풍년새우는 농약이나 제초제를 쓰는 논에서는 보기 어려운 생물이다. 환경지표종(bioindicator)으로 생태계의 건강성 평가 모니터링에 쓰인다.

살아 있는 화석, 긴꼬리투구새우

"풍년새우가 이렇게 많은 것을 보니 긴꼬리투구새우도 있을 것 같은데……."

뜬모 하다가 잠시 논 밖에 나와 쉴 때 옆사람에게 말했다.
"긴꼬리? 그게 뭔데?"
"이렇게 동글납작하게 생겼고 꼬리가 길어."
손가락으로 그려 보이니 그가 깜짝 놀란다.
"아! 그거 많이 봤어! 어쩐지, 올챙이도 아니고…… 뭔가 했지."
"와! 우리 논에도 있구나! 내 눈으로 꼭 봐야겠네."

긴꼬리투구새우는 우리나라 논이나 웅덩이에 사는 토종 갑각류다. 독한 농약 사용으로 대부분 사라져 2005년에 멸종위기종으로 지정되었다. 하지만 유기농 벼 재배지가 조금씩 늘면서 개체 수가 증가해 2012년 보호종에서 해제되었다. 그러나 여전히 보호가 필요한 귀한 생물이다.

3억5000만 년 전 고생대 석탄기 화석과 흡사해 '살아 있는 화석'으로 불리는 긴꼬리투구새우. 중생대 백악기 화석에서도 보인다

긴꼬리투구새우와의 첫 만남.

몸을 뒤집고 수면에서 헤엄치는 긴꼬리투구새우.

니, 지금과 같은 모습으로 공룡과 함께 살았다는 것 아닌가. 몹시 만나 보고 싶었다. 손으로는 뜬모를 하면서 눈으로는 논바닥을 샅샅이 훑었다. 사진으로 보았던 긴꼬리투구새우의 모습을 떠올리며.

드디어 발견! 논바닥에서 미세한 흙탕물이 포르르 일어나기에 자세히 보니 긴꼬리투구새우다! 투구를 쓴 듯한 납작한 몸으로 논바닥을 기면서 수십 쌍의 다리로 흙을 휘저어 먹이를 찾는 중이다. 긴꼬리투구새우는 유기물, 작은 곤충, 모기 유충 등을 먹고 산다. 논바닥을 휘저을 때 흙탕물이 일어나 풀의 성장을 방해하니 훌륭한 유기농 친구이기도 하다.

논물에 손을 넣어 살짝 들어 올렸다. 손바닥 위에서 파닥거린다. 공룡시대로부터 날아온 과거 생명체와 접촉한 듯 짜릿하고 뭉클하다. 이 생명체는 수십 년 전 화학농약과 제초제를 피할 길이 없어 멸종의 위기를 겪었다. 지금 내 손바닥 위에서 그 후손이 파닥거릴 수 있는 것은 유전자 깊이 각인해 둔 그들만의 특별한 생존 전략 덕분이다.

긴꼬리투구새우의 개체 수명은 고작 40여 일 정도지만, 알의 생존력은 상상을 초월한다. 어미가 죽어서 바싹 말라도 어미 몸 안의 알은 수년이 지나 깨어날 수 있다. 사막에서도 생존할 수 있다는 점은 풍년새우 알과 같지만, 긴꼬리투구새우의 알은 저마다 부화 조건과 시기가 달라 며칠 만에 부화할 수도 있고, 물이 있음에도 스스로 부화를 늦추어 수년 후를 기다리기도 한다. 극한 조건에서도 전멸을 피해 종을 이으려는 신비한 생존 전략이다.

논 가장자리 수면에서 몸을 뒤집은 채 배영으로 헤엄치는 녀석이 눈길을 끈다. 몸이 아픈가 궁금했는데, 알고 보니 산소를 보충하고 수면의 유기물을 섭취하는 행동이란다. 탈피 직후 쉴 때도 누워서 헤엄치는 습성이 있다. 논물에 둥둥 떠다니는 사체들도 적지 않게 보인다. 수명 짧은 개체의 숙명이리라.

태어나 살고 죽고 다시 태어나기를 반복하며 생명의 역사는 이어진다. 과거의 사람들과 미래의 사람들 사이에 내가 잠깐 여기 있다. 생명계의 장엄한 명맥 안에서는 막간의 삶이되 개체에게는 유일하고 귀한 삶이다. 물에 떠서 분해되는 저 긴꼬리투구새우에게도 논물의 찰랑거림을 느낀 순간이 있었겠지. 한 마리의 긴꼬리투구새우가 한 생애를 의탁했던 논이 우리 논이어서 기쁘다. 옆사람이 말한다. 약 안 치고 농사짓는 보람을 이럴 때 느낀다고. 나도 그렇다.

청둥오리와 개구리가 사는 논둑

제초제가 태워 버린 논둑

풀 자라는 속도가 무섭다. 논둑의 풀이 금방 무성해졌다. 모내기 전 예초기로 논둑을 깎았고 모내기 후 한 차례 더 깎았는데 장마 통에 풀이 무릎 높이로 자라 또 예초기를 든다. 풀을 방치하면 다니기도 불편하고, 갑자기 논물이 빠졌을 때 원인을 찾기도 어렵다. 며칠 전 아침에 논에 가 보니 논물이 밤새 다 빠져 논바닥이 드러나 있었다. 논둑을 몇 바퀴 돌아도 물 빠지는 자리를 못 찾았는데, 예초기로 풀을 바짝 깎고 나니 그제야 두더지 구멍이 보였다. 이러니 논둑 베기에 소홀할 수가 없다. 앞으로 이삭 패기 전까지 두어 번은 더 깎아야 할 것 같다.

논둑의 풀 상태를 보면 농부의 성격이 보인다. 우리는 풀이 웬만큼 자라기를 기다려 예초기를 대는데, 부지런한 옆 논 주인께서는 풀 자라는 꼴을 못 보신다. 우리 논과 맞닿은 경계 논둑이 한나절 만에 싹 베어져 있으면 민망하기 이를 데 없다. 어른께서 또 먼저 벨까 봐 신경이 쓰여 풀이 덜 자랐는데도 예초기를 둘러멘다. 염치를 차리는 일은 논둑에서도 예외가 아니다.

우리가 짓는 논은 세 개 마을에 흩어져 있다. 그중 하나인 저수지 아래 첫 논은 오염원이 없고 물 대기가 좋다. 우리 논 아래쪽으로 넓은 들판은 대농들의 임대 논이다. 논 주인은 대개 혼자 계신 노인들로 연세가 많고 기력이 딸려 직접 농사지을 엄두를 못 내신다.

예초기로 벤 논둑.

제초제를 친 논둑.

풍년새우와 투구새우가 사는 논

대형 농기계를 가진 농부들이 어른들의 논을 빌려서 짓는데, 임대 규모가 커서 우리는 그들을 '대농'이라 부른다.

대농들은 이앙기, 트랙터, 콤바인 등 대형 농기계를 여러 대 가지고 있어서 써레질부터 모내기, 농약 치기, 논둑 베기, 수확까지 일사천리로 해치운다. 대농들의 이앙기는 비료와 농약 통이 장착된 신형이다. 모내기할 때 비료와 농약을 동시 투입해 과정을 단축하고 인력을 절감한다. 수확할 때도 대형 콤바인으로 하루 이틀 만에 그 넓은 들판의 벼를 다 벤다. 스물일곱 마지기 벼농사에 쩔쩔매는 우리 눈에는 놀라운 속도이고 효율이다.

작년까지는 팀을 이루어 예초기로 논둑을 베던 대농들이 올해는 트럭에 600리터 대형 고무통을 싣고 나타나 강력 분사기로 논둑에 제초제를 뿌리고 다녔다. 옆사람이 그 모습을 보고 대농 중 한 사람에게 물었다. "여럿이서 예초기로 하면 금방 할 것 같은데, 제초제를 뿌리는 것이 더 쉬운가요?" "말하나 마나, 제초제가 훨씬 쉽죠!" 몰라서 물은 것이 아니고 기왕이면 예초기로 하지, 그 말을 하고 싶었는데 막상 말하려니 조심스러웠던 것이다. 오래지 않아 대농들의 논둑에서 자라던 개망초와 바랭이, 쑥과 토끼풀이 흑갈색으로 초토화되었다. 그 살풍경이 눈에 거슬려 논길을 지날 때면 반대쪽으로 눈을 돌리게 된다.

제초 노동은 농부의 숙명

풀이 지배하던 땅에 곡식과 작물을 심었으니 제초 노동은 농부의 숙명이다. 야생의 풀은 인간의 작물보다 몇 배 강하고 드세다. 잠깐 방치하면 순식간에 작물을 뒤덮어 흔적마저 없애 버린다. 그렇다고 독한 화학물질로 풀싹과 종자를 사멸시킬 생각은 없다. 우리 밭에는 풀과 작물뿐 아니라 개구리와 두꺼비와 도마뱀이 살고, 나비와 벌과 온갖 곤충들도 살고, 지렁이와 개미와 헤아릴 수 없는 토양 미생물

풀을 매는 내 손목 위로 도마뱀이 폴짝 뛰어 올라왔다.

이 산다. 그들의 머리 위로 화학물질을 들이붓는 일은 도무지 내키지 않는다.

옛사람들은 자신과 식솔의 생존을 위해 풀과 싸우며 곡식을 지켰다. 밥 먹고 잠자는 시간을 빼고 새벽부터 해 떨어질 때까지 종일토록 논밭에 엎드려 김을 매야만 겨우 입에 풀칠할 곡식과 채소를 얻었다. 오죽하면 밭고랑에서 애를 낳았을까. 지금은 드물지만 10~20년 전만 해도 허리가 기역 자로 꼬부라져 지팡이 없이는 일어서기도 힘든 할머니들이 많이 계셨다. 평생의 중노동으로 관절이 닳고 뼛골이 삭아서 한 생애를 마치신 분들이다. 그분들이 보시기에 제초제와 살충제, 화학비료의 보급은 얼마나 혁명적인 '과학 영농'이었을까.

제초제와 농약이 농사의 매뉴얼이 된 지 오래다. 농촌진흥청은 들깨·참깨·콩·도라지 씨를 뿌리기 전에 치는 제초제, 고사리 종근 심기 전에 치는 제초제, 논과 논둑에 뿌리는 제초제 등을 안내하고 권장한다. 고추 같은 작물은 비닐 멀칭으로 웬만큼 풀을 막아 낼 수 있지만, 고사리나 도라지처럼 비닐 멀칭을 할 수 없는 작물은 제초제 없이 농사짓기가 몹시 어렵다. 농촌이 고령화되고 일손이 부족하니 화학비료와 농약, 제초제 의존도가 높다. 여전히 밭일을 놓지 못한 할머니들이 농약 통을 짊어지고 밭고랑과 앞마당에 '풀약(제초제)'을 치신다. 농촌의 흔한 풍경이다.

일반재배(관행농)로 밭농사를 짓는 이웃들은 두둑에 비닐 멀칭을 하고 고랑에 제초제를 친다. 유기재배(유기농)는 비닐 멀칭은 허용되지만 제초제는 치면 안 되니 고랑에 부직포를 깔거나 손으로 풀을 맨다. 우리도 몇 해 전 도저히 풀을 감당할 수 없어 고추밭에 비닐 멀칭을 하고 부직포를 고랑에 깔았었다. 비닐을 쓰기 싫어하는 옆사람을 겨우 설득해 고추밭 풀 매는 고생은 좀 덜었는데, 비닐 안 쓰고 농사짓는 양파밭·마늘밭·감자밭은 해마다 풀밭을 면치 못하고 있다. 극소수지만 비닐 멀칭도 안 하고 농약·제초제·화학비료도 안 치면서 큰 규모의 유기농 밭농사를 짓는 분들이 있다. 풀과 함께 무경운으로 작물을 키우며 연구하고 실험하고 성과를 내는 분들이다. 그런 분들을 보면 감탄과 존경을 금할 수 없다.

산밭에서 풀을 매는 할머니들.

고랑에 까는 부직포는 여러 해 재사용이 가능하고, 두둑의 비닐은 사용 후 잘 거두어 마을의 비닐 집하장에 갖다 놓으면 재활용 센터에서 가져간다. 그 비닐조차 거두기 싫어 겨우내 방치하다 봄에 관리기로 갈아 버리는 사람들이 드물게 있다. 몇 해 전 겨울, 경북 시아버님 산소에 갔는데 마을 길 가로수에 웬 까마귀들이 무수히 앉아 있었다. 놀라서 자세히 보니 까마귀가 아니라 검은 멀칭 비닐 조각들이었다. 관리기로 갈아 버린 비닐 조각이 바람에 흩어져 가로수 가지에 걸려 펄럭이고 있었던 것이다. 기괴하고 추한 풍경이

나뭇가지에 검은 비닐 조각들이 걸려 있다.

었다. "농부 자격이 없다"며 옆사람이 개탄했다.

논둑 베기 인센티브

유기농 농지에는 세조제를 치면 안 된다. 논둑도 마찬가지다. 유기농 농사짓는 농부들은 예초기로 논둑을 벤다. 관행농은 제초제를 뿌리는 데 제한이 없다. 논둑 역시 예초기로 베든 제초제를 뿌리든 농부 마음이다. 논에 뿌리는 선택성 제초제(벼를 제외한 다른 풀을 죽임)는 과거보다 독성이 줄어 왕우렁이도 안 죽더라는 이야기를 이웃한테 들었다. 반면 논둑에 뿌리는 비선택성 제초제(가리지 않고 다 죽임)는 매우 독해 식물의 지상부를 태우고 뿌리까지 고사시킨다.

논둑에는 개구리와 풀벌레 같은 다양한 생물들이 산다. 하늘에서 쏟아지는 제초제 세례는 작은 생물들에게 공습과도 같다. 풀만 죽이는 것이 아니라 개구리와 늑대거미와 다양한 풀벌레들이 몰살을 당한다. 제초제가 논물로 흘러들어 수서생물들의 산란과 번식에 악영향을 끼친다는 연구 결과도 있다.

제초제보다 낫다지만 사실 예초기도 풀숲에 사는 작은 생명체들에게는 무시무시한 폭력이다. 움직임이 빠른 개구리나 뱀은 다가오는 소음과 진동에 피할 겨를이라도 있지만 행동이 굼뜬 두꺼비는 치명상을 입는다. 옆사람은 습기 많은 날이나 아침 시간대에는 예초기를 돌리지 않는다. 축축한 자리를 좋아하는 두꺼비를 상하게

논둑을 뛰어다니는 참개구리.

할까 두려워서다. 나의 무심한 행위 때문에 누군가 죽을 수 있다는 사실을 인지하면서도 예초기 사용을 포기하지 못하고 있다. 뒤따르는 불편한 마음은 치러야 할 값이다.

논둑 제초제 살포를 줄일 방법은 없을까? 제초제를 치지 않고 논둑을 직접 베는 농가에 직불금 인센티브를 부여하는 것은 어떨까? 임대든 자경이든 직접 농사짓는 사람이라면 모두 직불금을 받는다. 지자체마다 농업경영체 데이터가 있으니 면적 대비 인센티브 기준만

정하면 예산 규모가 나올 것이다. 면 단위로 차량 순회 점검만 해도 예초기로 베었는지 제초제를 쳤는지 즉시 파악이 가능하다. 제초제를 친 논둑은 눈에 잘 띄니 해당 지번만 체크하면 될 것이다. 모내기 하는 6월 초부터 이삭 패는 8월 하순까지 두세 차례만 점검해도 충분할 것 같다. 예산은 이런 데 써야 하지 않을까?

이런 정책이 시행된다면 관행농들의 논둑 제초제 살포가 획기적으로 줄 것 같은데, 이 제안에 귀 기울일 정책 입안자가 있을지 모르겠다. 농촌진흥청 홈페이지에는 각종 농약과 제초제 치는 법을 안내하고 권장하는 글이 수백 건이다. 농사 잘 지으려면 제초제와 농약을 적기에 잘 사용해야 한다고 가르치는 열정의 10분의 1만이라도 화학약품 덜 쓰는 농법 개발과 보급에 힘쓰면 좋을 텐데 말이다. 농식품부가 친환경(유기농+무농약) 경작지 비중을 늘릴 의지가 있다면, 관행농을 친환경으로 전환해 나가는 일과 관행농의 제초제 사용을 줄이는 일을 동시 진행해도 좋을 것 같다(농림축산식품부는 2021년 9월, 친환경 경작지 비율을 2025년까지 10퍼센트로 끌어올리겠다고 발표했지만 실제 성과는 보이지 않는다. 2024년 현재 한국의 친환경 경작지 비율은 4.8퍼센트다).

청둥오리가 우리 논둑에 둥지를 틀고 알을 낳았다. 매일 논을 오가며 둥지를 보았기에 그 논둑만은 베지 않고 놓아두었다. 김매기 하는 우리를 피해 잠시 달아났던 청둥오리 한 쌍이 다시 돌아와 논물 위를 노닌다. 청둥오리는 6~12개의 알을 낳아 28~29일간 품는다고 한다. 알이 네 개인 것으로 보아 앞으로 몇 개 더 낳을 것 같다. 딱새나 곤줄박이처럼 작은 새들은 12~13일간 알을 품고, 닭은 21일간 달걀을 품는데, 오리는 포란(抱卵) 기간이 꽤 길구나.

청둥오리가 터 잡은 논의 논매기를 오늘 다 마쳤다. 인간의 방해는 더 이상 없을 테니 포란과 육아에 집중하기를. 우리 논에는 왕우렁이랑 새우가 많으니 새끼오리 키울 터전으로는 그만일 것이다. 머잖아 청둥오리 아가들이 푸른 벼포기 사이를 헤엄치며 노는 모습을 볼 수 있겠지? 상상만 해도 설렌다.

청둥오리가 논둑에 둥지를 틀었다.

풍년새우와 투구새우가 사는 논

힘들기는 하지만 괴롭지는 않아

다들 이렇게 하고 살았어

아침 다섯 시, 옆사람은 미숫가루 한 잔 마시고 논에 간다. 나는 새참을 준비해 일곱 시 반에 논에 도착한다. 비가 계속 내린다.

비옷 입고 물장화 신고 팔토시에 장갑 끼고 논으로 들어간다. 허리를 폴더폰처럼 접고 네발짐승인 양 엎드려 한 걸음씩 나아간다. 두 손으로 풀을 긁어 뭉쳐서 논흙 깊숙이 쑤셔 넣고 물장화 신은 발로 꾹꾹 밟는다. 모포기를 더듬어 잡고 줄기의 마디를 들여다보며 피를 구분해 뜯어낸다. 선 자리에서 앞과 좌우의 모를 네 줄씩 살피며 간다.

비옷 위로 빗방울이 떨어진다. 비옷 속 셔츠가 땀으로 축축하다. 젖은 옷에서 피어오른 김이 비옷의 목깃 사이로 새어 나와 안경알을 뿌옇게 만든다. 굵어진 빗줄기가 등허리를 때린다. 가도 가도 끝이 안 보인다. 참 더디다. 논에 들어선 지 두 시간째, 잠시 앉아 쉬고 싶지만 논물에 주저앉을 수는 없으니 계속 나아간다. 허리 펴고 뒤돌아보니 절반도 못 왔다.

옷 속에서 전화벨이 울린다. 받지 않는다. 계속 울린다. 무시한다. 끊기나 싶더니 잠시 후 다시 울린다. 무슨 급한 일이기에……. 진흙 범벅인 장갑을 벗고 더러운 손을 비옷 안의 젖은 셔츠에 문질러 대충 닦은 후 옷 속에서 휴대전화를 꺼낸다. 전화기에 빗물이 떨어진다. 긴급한 내용은 아니다. 서둘러 끊는다.

풀로 가득 찬 논.

풀을 매며 한 걸음씩 나아간다.

풀의 기세가 가히 기록적이다. 해마다 김매기를 해 왔지만 이렇게 풀로 꽉 찬 논은 처음이다. 우리가 짓는 논 아홉 배미 가운데 이 세 배미가 특히 심하다. 작년까지는 다른 사람이 짓던 논이다. 지나가던 마을 어른이 우리를 보고 고개를 절레절레 저으며 소리치신다. "약 안 치곤 방법이 없어! 돼도 안 해!" 아닌 게 아니라 숨이 막힐 만한 광경이다.

논에 들어간 지 세 시간쯤 지났을까. 한번 들어선 논, 저 끝까지 가는 것이 목표인데 몸 상태가 급격히 나빠진다. 눈앞이 어둑어둑해지며 식은땀이 난다. 어지럽고 속이 울렁거린다. 토할 것 같다. 논물에 엎어질 순 없어 뒤돌아 허우적허우적 논을 빠져나온다. 시멘트 농로에 올라서자마자 그대로 길바닥에 드러눕는다.

물멀미다. 옛날에 '아짐'들이 논일하다가 "머리가 빙글빙글 도네" 하면서 논두렁에 드러눕곤 했다는 이야기를 들었는데 딱 그 상황이다. 온종일 눈앞에 물이 일렁이니 멀미가 날 법도 하다. 비 오는 날은 더하다더니 과연 그렇구나.

한참을 길바닥에 누워 있으니 속이 좀 가라앉는다. 겨우 정신 차리고 일어나 윗논들을 둘러본다. 아랫논 매느라 아직 손도 못 댄 윗논은 피와 물질경이가 논바닥에 카펫을 엮었다. 보는 것만으로도 숨이 턱턱 막힌다. 이것은 혼자 할 수 있는 일이 아니다. 둘이 해낼 양도 아니다. 바닷물을 숟가락으로 뜨는 기분이 이럴까. 포기하자는 말이 목구멍에서 멈칫거린다.

그는 엎드린 채 계속 나아가고 있다. 논에 들어간 지 네 시간이 넘었다. 저 중노동을 어찌 견디나. 여름 내내, 동틀 무렵부터 해 질 녘까지 하루 열 시간씩 논에 엎드려 산다. 열 시간이면 고속버스가 서울-부산 왕복할 시간인데 논 이편에서 저편까지 100미터를 왕복조차 못 한다. 논 끝에 도달했다 되돌아오는 도중에 해가 저무는 것이다.

우르릉 쾅쾅, 천둥 번개가 친다. 폭우가 쏟아진다. 패잔병 꼴로 집에 들어오니 산책을 기다리던 개들이 깡깡 짖기 시작한다. 안 되었지만 오늘은 산책 포기다. 비만 안 오면 개들 데리고 저수지 한

빗속에서 김매기를 하다.

바퀴 돌 텐데……. 개 산책은 피곤해도 거르지 않는 저녁 루틴이다. 저녁 식사는 늘 아홉 시를 넘긴다. 피곤으로 곤죽이 된 그가 소주병을 깐다. 그가 말도 안 하고 웃지도 못하는 데는 다 이유가 있다. 나 역시 기진맥진, 입 열 힘도 없다. 그가 말한다. "다들 이렇게 하고 살았어."

제초 도구의 힘에 기대다

손의 속도가 풀 자라는 속도를 도저히 추월할 수 없어서 벼랑 끝 대책을 고민한다. 일손을 좀 빌리자 했다. 세 사람 정도 붙어서 급한 데만 처리해도 숨통이 트일 것 같다.

    귀농 청년 셋에게 오전 한나절, 사흘간 일해 달라 했다. 오후까지 하라기에는 너무 고된 일이다. 오전 네 시간을 함께 일한 청년들이 옆사람한테 묻는다. 정말 이 논을 혼자 다 매셨냐고, 오후에도 일하실 예정이냐고, 이러다 몸 상하시겠다고. 오전만 일했는데도 너무 힘든 게지. 청년들 점심 사 먹여 보낸 후 집에 들어와 두어 시간 누웠다가 그는 또 논으로 간다.

    청년들 일손을 사흘간 빌려 겨우 아랫논의 일부 구간을 처리했다. 전체로 보면 미미하다. 한 사람이 모 네 줄을 맡아 진행하면 논 중간쯤에서 정오가 되니, 고작 사흘 만에 드라마틱한 변화가 생길 리 없다. 열댓 명쯤 달려들면 모를까. 하지만 이 논의 쌀을 다 팔아도 그 인건비는 나올 가망이 없으니 우리 힘으로 하는 데까지 해 볼 수밖에.

헛간에 방치해 둔 옛날 제초 도구를 꺼냈다. 몇 년 전, 고물로 팔려는 사람한테 쌀 10킬로그램을 주고 산 것이다. 모 포기 사이를 밀면 쇠갈퀴가 회전한다. 풀이 어릴 때 사용하는 도구인데, 밀고 다니기 힘들고 풀뿌리 제거도 쉽지 않아 되살아나는 풀이 많았다. 벼포기 옆에 바짝 붙은 피도 이것으로는 잡을 수 없다. 도구의 한계를 알면서도 지푸라기 잡는 심정으로 꺼내 들었는데, 결국 며칠 만에 그만두었다.

그가 청년 셋과 김매기하고 있다.

김매기로 고생한다는 이야기를 들은 선배 농부가 예초기에 달아 쓸 수 있는 제초 날을 빌려 주었다. 중경제초기 날 하나를 예초기용으로 개조한 것이다. 중경제초기란 여러 모포기 사이를 동시에 밀어서 제거하는 농기계다. 보행식도 있고 승용식도 있는데, 모의 줄이 잘 맞지 않으면 모포기가 다친다. 예초기에 매단 중경제초기 날이 꽤 무겁지만 풀이 뒤쫓아 오는 상황이라 찬밥 더운밥 가릴 겨를이 없다. 중경제초기 날을 예초기에 장착한 후, 풀이 가득한 골 사이를 밀고 나간다. 육중한 날이 굉음을 내며 회전하니 질척한 논흙이 옷과 얼굴 위로 솟구쳐 오른다. 해는 중천에 떠서 사람을 익힐 듯

옛날 제초 도구.

중경제초기 날.

이 이글거리고, 예초기를 들어 올려 이 골 저 골 넘나드는 그의 얼굴에는 힘든 기색이 역력하다.

며칠 사용 후 이 기계는 더 쓰지 않기로 했다. 그 이유는 ① 너무 무겁다. 예초기 끝에 쌀가마가 매달린 느낌이다. ② 진흙과 풀이 날에 휘감겨 수시로 작업을 멈추고 빼내야 한다. ③ 엔진 과부하로 시동이 자꾸 꺼진다. ④ 뒤집힌 풀이 며칠 후 되살아난다. ⑤ 벼가 상한다. 이게 가장 큰 문제다. 기계가 고속 회전하며 벼 뿌리가 다치거나 벼포기 일부가 꺾여 말려든다.

원래 중경제초기는 풀이 이렇게 많이 자란 상태에서 쓰는 기계가 아니다. 풀이 어릴 때 사용하면 날에 풀이 휘감길 일도 없고 고속회전의 충격으로 벼포기가 상할 일도 없다. 풀이 어릴 때는 손으로 매다가 풀이 자랄 만큼 자란 후에 기계를 썼으니 고생만 하고 효과는 미미할 수밖에.

손 제초 외에는 더 이상 방법이 없다고 생각할 무렵, "이런 것도 있더라"며 알려 주신 이웃 덕에 또 다른 제초기를 만났다. 이름이 '논밭 다맨다'인데 우린 논에서만 쓰니까 그냥 '논다매'라고 부른다. 예초기에 달아 사용하는 논 제초날인데, 중경제초기 날보다 훨씬 가벼워 힘이 덜 든다. 중경제초기 날은 위아래로 회전하며 논흙을 뒤집는데, 논다매 날은 논흙 바로 밑을 얕게 갈면서 풀의 뿌리를 해체한다. 하지만 중경제초기든 논다매든 풀의 성장 초기에 사용해야 효과가 있지 풀뿌리가 억세지고 풀의 키가 벼를 넘보는 상황에서는 소용이 없다.

8월 중순 벼꽃 피기 직전까지 맨손과 논다매를 번갈아 쓰며 아등바등 매달렸지만 끝내 풀을 잡지 못했다. 미처 매지 못한 풀들이 통풍을 막아 벼에 병까지 생겼다. 가을에 수확해 보니 알곡보다 쭉정이가 많았다. 일반적으로 유기재배 벼는 일반재배 벼보다 면적당 수확량이 적은데(약 80퍼센트), 그 고생을 했음에도 풀을 못 이긴 우리 논의 수확량은 50퍼센트를 밑돌았다. 허탈할 뿐이었다.

'논다매'로 풀을 밀고 있다.

후회하지 않는 결정 하나

앞의 글은 '논물 깊이 대기'를 하지 못했던 해에 풀과 씨름했던 기록이다. 지난 몇 년간 겪었던 풀 천지 논은 돌이켜 생각하기도 버겁다. 왕우렁이도 넣고, 사람 손도 빌리고, 제초 도구로 밀기도 했지만 왕성한 풀을 이기기에는 역부족이었다. 그 암담한 풀 지옥을 어떻게 헤쳐 나왔는지 모르겠다. 경험 부족, 요령 부족으로 혹독한 수업료를 치렀다.

 올해는 물을 깊게 댄 덕에 풀을 매는 고생을 많이 덜었다. 우리가 짓는 논 아홉 배미 중 다섯 배미는 전 주인이 관행농으로 지었던 논인데, 우리가 넘겨받아 유기재배로 전환하는 과정에서 극심한 풀과 싸워야 했다. 다행히 해를 거듭하면서 조금씩 안정되어 지금은 두 배미만 풀이 심하고 세 배미는 괜찮다. 이 다섯 배미는 우리한테 온 지 4년 만에 모두 유기농 논이 되었다. 아홉 배미 중 나머지 네 배미는 친환경단지 임대 논인데, 그 논들은 신기하게도 풀이 많지 않다. 김매기 고생을 조금만 해도 되니 저절로 '효자 논'이라 부르게 된다. 오랫동안 유기농으로 재배해 온 세월이 쌓여서 그런가 싶다.

 흩어져 있는 여러 논배미를 돌며 농사짓다 보면 논마다 조금씩 다른 특성이 보인다. 어떤 논은 풀이 적고 어떤 논은 풀이 극심하며, 어떤 논은 알곡이 충실하고 어떤 논은 알곡이 빈약하다. 어떤 논은 투구새우가 많고 어떤 논은 풍년새우가 많으며, 어떤 논은 물달개비가 많고 어떤 논은 올챙이고랭이(사초과의 여러해살이풀)가 많다.

논의 개별 서사, 예컨대 토양의 질, 축적된 거름기, 물 대기의 용이성, 논 주인의 농사법, 대를 이어온 풀씨, 수서생물의 생태계 같은 것이 각 논의 특성을 이루어 왔을 것으로 짐작한다.

풀이 심한 두 배미 중 하나에 올챙이고랭이가 유독 많다. 청둥오리가 논둑에 둥지를 틀었던 그 논이다. 물을 깊게 댔음에도 올챙이고랭이는 굴하지 않고 올라왔다. 초반에 제압하지 않으면 나중에는 논다매로든 손으로든 감당하기 어려워진다. 논다매를 장착한 예초기를 매고 논에 들어가니 청둥오리 한 쌍이 파드득 날아서 달아난다. 포란을 방해한 것이 마음에 걸려 예초 작업을 마친 후 한동안 그 논에 가지 않았다. 나중에 논물을 보러 가니 앙증맞은 새끼 오리들이 어미 오리를 따라 벼포기 사이를 옹기종기 헤엄치고 있었다. 휴대전화를 차에 두고 내려 사진을 찍지 못한 것이 아쉽다.

6월 하순부터 시작된 장마가 7월 26일에야 끝났다. 평년 두 배의 누적 강수량을 기록할 정도로 많은 비가 내렸다. 보통 모내기 후 30~40일경에 중간물떼기를 하는데, 우리는 6월 10~11일에 모내기를 한지라 중간물떼기 시기가 장마 한복판에 걸린다. 물꼬를 터서 물을 빼도 장맛비에 논 마를 새가 없다. 게다가 장마 중에도 짬짬이 김매기를 해야 하니 중간물떼기는 장마 이후로 미룰 수밖에 없었다.

(모내기 시기는 지역과 품종에 따라 다르다. 중부지방은 5월 중하순에, 남부지방은 6월 초중순에 모내기를 한다. 품종으로는 조생종이 중만생종보다 모내기 시기가 빠르다).

장마가 지나자 폭염이 시작되었다. 총 아홉 배미 가운데 여덟 배미는 김매기를 마쳤고, 마지막 한 배미가 남았다. 멀리 사는 아들이 휴가 중에 내려와 일손을 도왔다. 모자를 쓰고 팔토시를 끼었지만 작열하는 햇볕이 너무 뜨겁다. 지글지글 살이 익을 것 같은 폭염 속, 드넓은 들판에 사람이라곤 우리 셋뿐이다.

직선으로 밀고 가는 논다매는 모포기 사이의 풀까지 없애지는 못한다. 사이사이 난 풀은 손으로 매 주어야 한다. 여뀌, 물질경이, 물옥잠, 물달개비, 방동사니, 올챙이고랭이, 여뀌바늘……. 종류

아들은 손으로, 아빠는 논다매로 김매기를 하고 있다.

개구리밥을 등에 얹고 벼잎에 앉은 물자라.   개구리밥 속의 어린 참개구리.

별로 풀이 많기도 하다. 풀을 매면서 풀 공부를 한다. 잘 모르는 풀은 사진을 찍어 두었다 나중에 찾아본다. 앎의 욕구와 기록 본능을 타고났다. 김매는 와중에도 꽃이 보인다. 물옥잠과 물질경이의 꽃이 군데군데 피어 있다. 작고 예쁜 꽃이다. 수면의 개구리밥 틈에 어린 참개구리가 숨어 있다. 벼잎에 앉은 물자라도 보았다.

7월 말, 드디어 김매기를 마쳤다. 머리카락과 옷은 땀에 젖어 흥건하고 바짓가랑이는 논흙 범벅이지만 옆사람의 표정은 희색만면이다. 입추 전에, 벼꽃 피기 전에 김매기를 끝내다니 꿈만 같다. 물질경이와 여뀌가 좀 남았지만 수확에 영향을 끼칠 정도는 아니다. 잘 자란 벼가 논바닥에 그늘을 만드니 작고 낮은 풀들은 쇠잔해질 것이다.

작년에는 여름 내내 논에서 살다시피 했음에도 논매기를 못 마치고 벼꽃이 피어 버렸다. 벼포기 사이사이를 점령한 여뀌바늘 풀을 암담하게 바라보다 마음을 접었다. 벼꽃이 피면 농부는 논에 들어가지 않는다. 벼꽃 수정에 방해될까 염려해서다. 김매기를 벼꽃 피기 전에 어떻게든 끝내려고 애쓰는 이유다.

몇 년 사이 옆사람의 외모는 많이 변했다. 몸은 마르고, 얼굴은 주름투성이에 새까맣고, 머리털은 휑하니 빠졌다. 손은 딱딱한 나무껍질처럼 뻣세고 거칠고 갈라졌다. 손가락 마디마디가 툭툭 불거지고 손톱 밑은 새까맣다. 귀농 후 몸을 아끼지 않고 혹사함으로써 사람의 육체가 어떻게 시들고 망가져 가는가를 단기간에 압축적으로 보여 주었다. 육체의 쇠락으로 보면 볼품없고 초라하고 가난한 중년이다. 그러나 노동의 주체로서 스스로 계획하고 일하고 거두며 살고 싶었던 그의 소망으로 보면 나름 괜찮은 중년이다.

밥상머리에서 그가 말한다. "인생에서 후회하지 않는 중대한 결정 하나가 바로 회사를 그만두고 농부가 된 거야." 끄덕이며 웃었다. "나랑 같네." 도시에 살 때는 책상머리 인생이었는데 여기서는 손발 노동이 삶을 떠받친다. 힘들기는 하지만 괴롭지는 않다. 인생 어느 때보다 지금이 좋다.

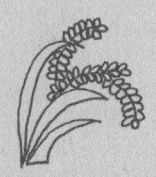 벼꽃을 기다리며 꽃물을 대다

벼꽃 한 송이가 쌀 한 톨

착한 짐승들의 무심한 발자국

중간물떼기 전에 이삭거름을 준다. 벼 줄기 안에서 어린 이삭이 생길 무렵, 벼는 영양생장기에서 생식생장기로 들어선다. 이때 양분이 부족하지 않도록 주는 것이 이삭거름이다. 이삭거름을 주는 시기는 벼의 품종과 생육 상태에 따라 다르지만 보통 벼꽃이 피기 25~15일 전이다. 이삭거름을 너무 일찍 주면 벼 줄기가 길어져 비바람에 쓰러질 위험이 높고, 벼알도 많이 맺혀 부실한 쭉정이가 많아진다. 반면 거름을 너무 늦게 주면 이삭 목과 벼알에 질소 성분이 많아져 이삭도열병에 걸릴 수 있다. 이삭거름을 너무 많이 주어도 안 된다. 단백질 성분이 많아져 쌀 맛이 떨어지기 때문이다.

우리 논은 해마다 8월 중순에 벼꽃이 피는지라 이삭거름은 7월 20일경 준다. 화학비료가 아닌 유기질 비료를 사용하므로 비료 효과가 더딜 것을 예상해 좀 일찍 뿌리는 편이다. 20킬로그램 유기질 비료를 비료 살포기 통에 담고 논을 돌며 뿌리는데, 통에 담을 수 있는 양이 한정되어 있으니 여러 번 왕복해야 한다. 우두두두, 살포기 소음이 들판에 요란하다.

이삭거름이 물에 녹아 논흙에 스며들기를 기다려 논물을 뺀다. 5~10일간 논 표면이 쩍쩍 갈라질 정도로 논을 말리는 중간물떼

이삭거름을 살포기로 뿌리고 있다.

기 과정이다. 중간물떼기를 해서 토양의 유해 가스를 배출시키고 이삭을 못 올리는 헛줄기의 발생을 억제한다. 땅 표면이 마르면 벼 뿌리는 더욱 땅속 깊이 뻗어 내려 거름을 흡수한다. 벼잎은 푸르고 꼿꼿해지며, 튼튼한 뿌리 덕에 태풍에도 쉽게 쓰러지지 않는다.

    논매기를 마치고, 이삭거름을 주고, 이 마을 저 마을 아홉 배미 논물까지 다 떼고 나니 큰 숙제를 마친 기분이다. 논을 한 바퀴 돌아보니 우리 몰래 논을 다녀간 동물들의 흔적이 보인다. 논 모서리를 사선으로 밟고 지나간 고라니 발자국, 얕은 논둑 가장자리를 뭉개고 간 멧돼지 발자국, 왕우렁이를 찾느라 벼포기 사이를 사뿐사뿐 걸어 다닌 백로 발자국……. 착한 짐승들의 무심한 발자국들이 뭉

백로 발자국.

고라니 발자국.

클하다. 광폭한 인간사에 절망이 깊을수록 투명하고 단순하고 악의 없는 존재들이 고맙다.

이제 입추, 곧 벼꽃이 필 것이다. 벼꽃을 기다리며 꽃물을 댄다. 꽃을 피워 이삭을 영글게 하는 물이라 '꽃물'이라 부른다. 겉으로 보이지는 않지만, 벼 줄기 속에서 어린 이삭이 조금씩 머리를 밀어 올리고 있다. 이때가 벼의 일생에서 가장 많은 물이 필요한 시기다. 이삭이 줄기 속에서 만들어지는 초반에는 물을 얕게 대고, 이삭이 줄기 위로 올라오면 물을 깊이 대 준다.

벼꽃이 피는 것을 "이삭이 팬다"고 한다. 한자로 개화(開花)라 하지 않고 출수(出穗)라 한다. 날 출(出)에 이삭 수(穗). '꽃보다 이삭'인 것이다. 이삭 수(穗)는 벼 화(禾)와 은혜 혜(惠)로 이루어져 있다. '벼의 은혜'라니, 이 작은 식물에 인류의 삶이 기대어 왔다는 기록 아닌가. 하기야 우리가 기대어 사는 것이 어디 벼뿐일까. 땅과 대기와 물과 태양과 온갖 동식물의 '은혜'로 내가 여기 존재하는 것을.

꽃물을 먹고 핀 작은 벼꽃 한 송이는 미래의 알곡 한 알이다. 번식으로 대를 이어 가는 생명살이의 절정이 입추를 앞두고 수천수만 벼포기 속에서 터지고 있다. 그렇게 벼는 대를 잇고 우리는 목숨을 잇는다.

꽃물을 댄 논.

한 알의 쌀이 잉태되는 순간

이삭이 패기 직전, 벼 줄기는 임신한 배처럼 불룩해진다. 이때를 수잉기(穗孕期)라 하는데, 벼가 어린 알곡을 배는 시기라 아이 밸 잉(孕) 자를 쓴다. 얼마 후, 줄기를 감싼 잎을 빼근하게 벌리며 어린 이삭이 머리를 밀어 올린다. '출수'라더니 그 말이 맞구나. 처음 들었을 때는 낯설고 어렵던 '출수'라는 어휘가, 벼 이삭이 줄기 사이로 머리를 밀어 올리는 모습을 보자 그림처럼 생생해진다. 도시민일 때는 생경했던 용어들이 농부의 기억과 경험에 링크되며 이해의 영역으로 가뿐히 넘어온다.

벼 한 포기는 이삭 15~25개를 만든다. 이삭 줄기 하나에 대략 100여 개의 벼알이 달린다. 이삭은 벼의 꽃다발이다. 먼저 올라온 벼알부터 꽃을 피우는데, 저게 꽃인가 싶을 만큼 꽃 같지 않다. 벼는 속씨식물이라 벼 껍질(왕겨) 안에서 폐화수정(閉花受精)을 한다. 꽃가루받이를 곤충에 의존하지 않는 자가수분 식물이라 고운 꽃잎이나 달콤한 꿀이 필요치 않다.

초록의 벼 껍질이 양쪽으로 벌어지면 벼알 안에서는 조용한 소동이 벌어진다. 여섯 개의 하얀 수술이 앞다투어 고개를 들고, 수술의 꽃밥이 터져 꽃가루가 흩날린다. 꽃가루는 벼알 깊숙이 들어앉은 암술머리로 내려앉는다. 한 알의 쌀이 잉태되는 순간이다. 이 모든 과정이 한두 시간 안에 끝난다. 수정이 끝나면 벼는 껍질을 닫고 벼알을 키운다. 자라나는 어린 벼알에는 어미 벼의 모든 데이터가 들어 있다. 암술과 수술의 꽃가루받이가 벼알 내부에서 이루어지니 외부 품종이 섞일 염려가 없다. 그렇게 벼는 제 종자를 이어 간다.

이 무렵 벼꽃을 보면 어린 이삭에 희끗희끗 깨알 같은 것이 묻어 있다. 수정을 마친 벼의 꽃밥들이다. 잠깐 열렸던 벼 껍질이 도로 닫히면 바깥으로 튀어나온 수술 꽃밥은 구슬 장식처럼 이삭에 붙어 있다가 누렇게 시들어 떨어진다.

벼꽃은 처서 무렵 핀다. 보통 맑은 날 오전 10시 전후에 껍질이 열려 미세한 바람의 흔들림으로 수정된 후 정오가 지나면 문이 닫힌다. 바람이 수정을 돕는 풍매화라 꽃가루가 비에 젖으면 수정이 어렵다. "처서에 비가 오면 단지에 곡식 준다", "자마구(곡식의 꽃가루)

벼 줄기 속에서 이삭이 올라온다. 이를 '출수'라 한다.

벼알의 열린 껍질 사이로 하얀 수술이 고개를 내민다.

때 비 오면 흉년 든다"는 옛말은 그런 맥락에서 생겼다.

8월 하순에 접어들자 희끗희끗하던 꽃밥들이 사라지고 푸른 이삭이 꼿꼿하게 차오르기 시작한다. 하늘 향해 기세등등한 청소년기 이삭이다. 이삭의 꼴은 갖추었으나 아직 알이 차지 않았으니, 이제부터 햇살과 바람과 거름의 도움을 한껏 받아야 한다. 풋것의 미숙함과 풋것의 가능성이 공존하는 아름다운 시기이자, 병균과 벌레의 침입에 병들기도 쉬운 취약한 시기다. 초반 밀식을 피하고 여름내 풀을 뽑아 준 것도 벼가 건강하게 자랄 빈틈을 확보하기 위해서였다.

사람 많은 자리에 가면 체질적으로 데친 식물처럼 시들시들해지는 나는 골방에서든 텃밭에서든 고요히 혼자 있어야 물기가 차오르고 생기를 회복한다. 함께 서서 같은 방향을 보는 사이라 해도 관계의 여백과 내면의 침묵은 필수다. 영글기 시작한 이삭 머리를 보며 사람 사이에도 바람의 통로, 숨 쉴 거리가 필요하다고 생각한다.

논둑 베기, 더치페이

한 해에 논둑을 네다섯 번은 베는 것 같다. 8월 하순 벼꽃이 핀 후 논둑을 또 벴다. 우리가 짓는 논이 아홉 배미라서 베야 할 논둑도 수십 군데다. 우리 논배미가 모여 있는 논둑은 언제 베도 관계없지만, 남의 논과 우리 논을 경계 짓는 논둑은 시기를 놓치지 않으려 신경을

푸른 이삭의 시간.

곤두세운다. 풀 자라는 속도로 보아 며칠만 더 기다리자 했다가 하루 만에 싹 베어진 논둑 앞에서 민망하고 난감하다. 그런 경험을 한 번 하고 나면 다음 풀 벨 시기에는 며칠 앞당겨 예초기를 들게 된다. 우리 논둑을 남이 베어 주는 것을 보느니 차라리 우리가 먼저 남의 논둑 베는 것이 낫다.

    이웃 농부들의 연배가 60~80대다. 내 것 네 것 칼같이 계산하고 가르며 살아온 세대가 아니다. 내 논둑 베는 김에 남의 논둑 벨 수도 있는 것이고, 내 집 앞 치우다 내친김에 마을 길 청소도 할 수 있는 것이지. 여럿이 함께 먹은 밥값이야 오늘은 내가 내고 내일은 네가 내면 되지 않는가 말이다. 그게 자연스럽다고 여기며 살아

온 세대다. 고령화된 농촌에서 50대 후반에 '청년' 소리를 듣는 옆사람도 그와 다르지 않아, 남보다 앞서서 밥값을 내고 시간 날 때 마을 길 풀 깎는 것을 당연하게 여긴다. 농촌에서는 이런 모습이 흔하다. 아직까지는.

한 달 전쯤, 논 아홉 배미 중 한 곳에서 신기한 장면과 마주쳤다. 우리 논과 옆 논의 경계 논둑이 베어져 있는데 논둑 중앙에서 옆 논 쪽으로 절반은 깨끗하게 깎여 있고 우리 논 쪽으로 절반은 풀이 무성했다. 난생처음 보는 광경에 웃음이 터졌다.

얼마 전 아들한테 들은 이야기인데, 요즘 젊은이들은 식당에 가든 술집에 가든 '더치페이'가 기본이란다. 식당에서는 자기가 먹은 음식값만 내고 술자리에서는 보통 1/n로 나누는데, 카카오톡 정산하기 기능을 사용하면 개인 할당 금액을 간편하게 계산할 수 있다는 것이다. 카카오페이로 1원 단위 잔돈까지 송금할 수 있으니 정산도 깔끔하다고 했다.

그렇구나. 체면 때문에 밥값을 내야 한다는 부담이 없고, 한번 얻어먹었으니 다음번에는 내가 사야 한다는 암묵적 채무도 없으며, 중요하지 않은 관계에 자원을 낭비하지 않아도 되고, 과한 허세나 시혜적 태도도 차단할 수 있으니 그거 괜찮겠다 싶다. 그런데 곧장 따라붙는 생각. 나라면? 옆사람이라면? 우리 동네 사람들이라면? 이런 '각자 내기'가 가능할까? 답은 바로 나온다. 불가능하다.

사람들과 어울리는 것을 그다지 즐기지 않고 인간관계가 단순한 나도, 누굴 만나 음식값을 각자 내는 상상을 하면 어색하고 불편하다. 그냥 내가 내고 말지, 어떻게 그 자리에서 밥값을 나눈다는 말인가. '각자 내기'에 딸려 오는 불편한 감정에는 인색함, 야박함, 궁색함, 어른답지 못함, 체면, 평판, 자존심 같은 부정적 어휘들이 주렁주렁 매달려 있다. 젊은 세대의 더치페이는 합리적이라고 인정하면서도 정작 나는 그렇게 못하겠다는 이 심리는 무엇인가.

더치페이는 혼자 할 수 있는 일이 아니다. 내 주변에는 먼저 계산하려고 벼르는 사람들뿐이다. 더치페이는 꿈도 꾸지 않는 사람들이다. 그런 사람들과 만나면 내가 먼저 계산대로 달려갈 궁리만 하게 된다. 설혹 더치페이가 익숙한 젊은 사람을 만난다 해도 음식

예초기로 베기 전의 논둑.

절반만 깎은 경계 논둑.

값을 나누어 낼 생각은 없다. 얻어먹을 생각은 더더욱 없다. 내가 사주는 것이 편하다. 남한테 궁핍을 드러내는 것이 거북하고, 아무리 돈이 없어도 계산은 내 카드로 하는 것이 마음 편하며, 대접을 받으면 나도 대접하는 것이 도리라 여기고 살아왔다. 관념이 몸에 붙고 태도가 습관이 되었다. 나도 영락없는 구세대구나.

절반만 깎은 야박한 논둑 앞에서 더치페이를 떠올리며 옆사람에게 물었다. "전에도 이런 적 있어?" "아니. 주인이 바뀌었나? 최근에 본 적이 없네." 우리가 짓는 이 논은 임대 논이다. 옆 논도 누군가 새로 임대했을지 모른다. 누군지는 모르지만 젊은 사람일 것 같다. 마을의 '청년'인 우리보다 더 젊은 사람. 반쪽만 풀이 사라진 논둑이 검은 교복 시절 '바리깡'으로 절반만 밀어 버린 중학생 두상처럼 우스꽝스럽다. "귀엽네." 그가 쿡쿡 웃는다.

한 달이 지났다. 여름 풀이 금세 자라 논둑을 덮었다. 중앙분리선이 뚜렷했던 경계 논둑도 이쪽저쪽 공평하게 무성해졌다. 이번에는 옆사람이 선수를 쳤다. 예초기를 둘러맨 후 묻지도 따지지도 않고 경계 논둑의 이쪽저쪽을 차별 없이 말끔하게 베어 버렸다. 나중에 옆 논의 농부가 보면 민망하고 난감할지도 모르겠다. 하지만 그의 민망함을 걱정해서 절반만 베고 말 수는 없는 일이다. 그게 우리 방식이니까.

또 한 달이 지났다. 수확 전 마지막으로 논둑을 베고 온 그가 어쩐지 싱글벙글댄다. "내 논둑 다 베고 옆 논 경계랑 감나무 있는 논 비탈까지 다 베어 버렸지!" 하루 종일 예초기를 휘두른 사람치곤 힘이 넘친다. "근데, 예전에 절반만 벴던 그 논둑 말이야. 거기는 얼마 전에 내가 다 베서 풀이 별로 안 자랐거든. 굳이 안 베도 되는데 글쎄, 오늘 가보니 새파랗게 다 깎아 놓았더라!" 희색만면인 이유가 그거였구나. "그때 많이 민망했었나 보네." 그랬더니 그가 장난기 가득한 얼굴로 말한다. "그놈 참 누군지, 만나서 막걸리 한 사발 해야겠어!"

우리 논과 남의 논을 구분 짓는 경계 논둑이 깔끔하게 깎였다.

땅에 대한 도리

친환경 인증기관 담당자가 우리 논에 왔다. 늦여름에서 가을 사이, 이삭 출수 후에 벼 시료를 채취해 '작물검사'를 하기 위해서다. 무농약 또는 유기농 재배 농가들이 해마다 거치는 친환경 인증 과정의 하나다. 벼알을 채취하는 작물검사 외에 논흙을 채취하는 '토양검사'도 있다. 토양검사는 연초에 하는데 농산물품질관리원에서 나와서 무작위로 토양 샘플을 채취한다.

40만 원 남짓 되는 인증심사비는 농민이 낸다. 심사비는 무농약, 전환기, 유기농 각각 따로 부과된다. 인증심사는 농산물품질관리원에서 인증기관에 맡겨 진행하는데, 채취한 시료를 검사하여 인증에 통과하면 지자체에서 심사비를 지원해 농민에게 돌려준다. 그러나 기준에 안 맞는 물질(농약, 제초제, 비료 성분 등)이 검출되면 불합격 처리하고 심사비를 돌려주지 않는다. 친환경 인증은 매해 갱신해야 한다.

'무농약'과 '유기농'의 차이는 무엇일까? 소비자들 사이에서는, 무농약은 농약 안 치는 농산물, 유기농은 농약 안 치고 화학비료 대신 유기질 퇴비를 쓰는 농산물, 이렇게 간단히 이해되고 있는 듯하다. 생산자에게는 세부적인 조항이 더 있다. 다음은 인증기관 담당자에게 물어서 정리한 친환경 벼 인증 조건이다.

이삭을 채취하는 인증기관 담당자.   논에 꽂은 친환경 인증 깃발.

① **무농약** : 화학농약과 제초제를 치면 안 된다. 화학비료는 관행농의 1/3 이내로 사용할 수 있다. 화학비료를 쓸 수 있으므로 소먹이 작물(이탈리안 라이그라스 등)을 이모작으로 재배해 소득을 올릴 수 있다. 무농약은 유기농의 전 단계가 아니다. 해마다 무농약 인증만 계속 갱신하는 농가가 많다.

② **유기농** : 화학농약과 제초제를 치면 안 된다. 화학비료도 사용하면 안 된다. 인증받은 유기질 퇴비만 쓴다. 국립농산물품질관리원에서 공시한 유기농업 자재(미생물, 오일, 토탄 등 유기질 자재)만 사용 가능하다. 토양 지력 향상을 위해 반드시 풋거름작물을

윤작해야 한다(질소를 고정하는 콩과 식물인 헤어리베치를 겨울 동안 재배한다).

③ **전환기 유기농** : 유기농의 전 단계다. 재배 조건은 유기농과 같다. 최소 기간 3년을 거쳐 유기농으로 넘어간다.

화학 약제를 잘 모르는 데다 관심도 없었던 우리는 처음부터 농약과 제초제에 발을 들이지 않았다. 그러다 보니 자연스럽게 유기농 인증을 받았다. 옆사람은 농약을 쓰지 않는 이유를 "그냥 나랑 안 맞아서"라고 말한다. 환경과 생태계를 살린다는 의미 부여는 다소 낯뜨겁다. 우리 논밭에 농약 안 친다고 인류가 쉴 새 없이 착취해 온 지구 생태계가 살아나리라 여기지 않는다. 다만 잠시 땅에 발붙였다 떠날 존재로서 땅에 대한 최소한의 도리를 생각한다. 무엇보다 작물을 건강하게 키워서 우리와 연결된 이들을 먹이고 싶다. 그것이 작은 보람이다.

황대권 선생은 오래전 《고맙다 잡초야》에서 "이 시대의 진정한 혁명은 귀농"이라 했는데 글쎄, 혁명인지는 모르겠고, 우리에게 농사는 삶의 방편이다. 한 해 농사지은 쌀을 돈으로 바꾸어 다음 해 수확 전까지 빠듯한 생활을 유지한다. 먹고사는 일은 무겁고 엄중하다.

귀농해 소농으로 사는 것도 좋고, 귀촌해서 작은 텃밭을 일구는 것도 좋고, 도시 텃밭이나 주말농장을 경험하는 것도 좋다. 흙을 만지고 작물을 돌보는 동안 일상에 빈틈이 생기고 새 기운이 들어

올 것이다. 기왕이면 농약과 제초제, 화학비료를 쓰지 않고 길러 보기를 권한다. 건강한 채소를 자급하는 즐거움이 클 것이다. 텃밭이 소규모라면 어렵지 않다. 다만 그 일이 관행농 대다수에 대한 도덕적 우월감으로 작동하지는 않았으면 좋겠다. 나도 행여 그러고 있는 것은 아닌지 조심스럽다.

넉넉한 경제적 자원을 가졌거나 농사 외 생계 수단이 있는 이들이 작은 텃밭에서 채소를 자급하는 것과, 수천수만 평 논밭에서 키운 채소와 곡식을 팔아서 가족의 생계를 잇는 일은 차원이 다르다. 농사로 생계를 잇는 어려움을 잘 알기에 주위의 관행농들을 깊이 이해한다. 그럼에도 제초제는 좀 줄여 나갔으면 좋겠다.

자급자족의 허상과 정치의 부재

시골살이 낭만과 엥겔지수

시골 사는 이들에게 "자급자족하니 좋겠다"는 덕담을 건네는 분들이 가끔 있다. "시골에 살면 돈 쓸 일이 없지"라는 말도 종종 듣는다. 그런가? 곰곰 생각한다. 보통 시골 텃밭에서 '자급'하는 것은 약간의 '식물성 식재료'다. 상추와 배추, 무, 고추, 가지, 호박 같은 기본 채소는 텃밭에서 길러 먹는다. 그러나 채소 몇 가지로 식생활이 해결될 리 없다. 우리 밭에 없는 우엉과 연근과 토란도 필요하고, 복숭아·사과·배·감귤 같은 과일도 필요하고, 들깨와 참깨, 커피와 견과류, 식용유와 각종 소스류도 필요하다. 우리는 벼농사를 지으니 쌀을 자급하지만, 밭농사만 짓는 이웃들은 쌀도 사 먹는다. 수없이 다양한 식

채소를 자급하는 농가의 텃밭.

물성 식재료 중 우리가 자급하는 것은 극히 일부다.

'동물성 식재료'는 아예 자급하지 못한다. 양계나 축산 농가라면 모르되 우리처럼 논밭 농사를 짓는 사람들이 집에서 기른 동물을 잡아 식탁에 올릴 일은 거의 없다. 바닷가에 살지 않으니 어류나 패류 같은 해산물도 자급하지 못한다. 시골 사람들도 고기와 달걀, 생선과 조개, 유제품과 가공식품, 면류와 밀가루, 각종 양념류를 대부분 마트에서 구입한다. 도시와 다르지 않다. '자급자족'이라는 말에서 떠올리는 '의존하지 않고 내 손으로 필요한 물건을 충당하며 가난할지언정 충만한 삶'이라는 이미지는 일부만 진실이고 대체로 허상이다.

약간의 텃밭 채소로 절약한 식자재비는 전체 가계 지출의 몇 퍼센트를 차지할까? 엥겔지수가 아무리 높다 한들 식자재비만으로 생활비를 채우는 집은 없다. 통신비, 전기요금, 난방비, 생활용품비, 경조사비, 유류비, 자동차 보험료, 공과금의 지출 비중이 식자재비보다 훨씬 높다. 최대한 아껴 볼 수 있는 항목은 생활용품비, 난방비, 문화비, 외식비 정도이고, 경조사비나 통신비, 자동차 관련 비용은 거의 줄일 수 없다. 띄엄띄엄 다니는 군내버스는 마을로 들어오지 않고 벼 포대나 농산물 박스처럼 무거운 짐을 나를 일은 많으니, 자동차야말로 시골의 필수품이다. 농기계, 건조기, 정미기, 저장고 등 농사 관련 기계의 구입, 수리비 역시 농가의 큰 지출 항목이다.

농업소득 연간 1114만 원

통계청은 2024년 5월, 〈2023 농가경제조사〉에서 평균 '2인 이상 농가소득'이 5082만8000원이라고 발표했다. 농림축산식품부(장관 송미령)는 즉시 "농가소득 5000만 원 첫 돌파"라는 치적 홍보용 보도자료를 냈고, 언론사들은 이를 받아 일제히 "연소득 5000만 원, 나도 농사나?" "도시 생활 지겹다, 귀농해 볼까?" "농가소득 평균 5000만 원 시대"라는 식의 선정적인 헤드라인을 뽑아냈다. 포털의 낚시

성 제목만 스쳐 지나듯 보는 사람들은 '농사지어 먹고살 만하겠네' 했을 것이다. 연소득 5000이라니, 그 숫자가 너무 허황하여 나는 내 눈을 의심했다. 나와 주변 이웃들이 듣도 보도 못한 이 5000만 원은 대체 어디서 나왔을까?

한걸음 들어가면 실상이 보인다. 통계청에서 말하는 '농가소득'이란 ① 농업소득 ② 농업외소득 ③ 이전소득 등을 합친 숫자다. 여기서 ① '농업소득'(21.9퍼센트)이 바로 '농사로 벌어들인 소득'이다. 2인 이상 농가의 '농업소득'은 연간 1114만 원이다. 두 사람이 한 달에 92만8000원을 번다는 계산이 나온다. 이제야 현실감이 온다. 영농 형태별로 보면 축산·과수 농가소득은 평균보다 높고 논벼·채소 농가소득은 평균보다 낮다(20년 전인 2004년의 '농업소득'은 연간 1205만 원으로 지금보다 높았다).

그럼 '농가소득'을 구성하는 '농업외소득'과 '이전소득'은 뭘까? ② '농업외소득'(39.3퍼센트)은 식당이나 도소매업, 일용노동 등 농사 외에 다른 벌이로 벌어들인 소득이다. 농민들이 농업만으로는 생계유지가 힘드니 다른 부업을 겸하는 것이다. 자녀가 가구원으로 남아 있다면 자녀의 소득도 농업외소득에 합산된다. ③ '이전소득'(33.8퍼센트)은 노령연금, 직불금, 농민수당, 친환경 지원금(친환경 농사일 경우) 등 공적 보조금과 자녀들이 주는 용돈 등이 포함된다. 농민들이 고령화하면서 연금 소득과 자녀 용돈 비율이 높아지고 있다. 허울 좋은 '5000만 원 시대'임이 이것만으로도 간파되는데, 이 통계 수치에는 또 다른 허점이 있다. 전체 농가의 22.6퍼센트에 달하는 1인 농가를 통계에서 누락시킨 것이다. 2023년 1인 농가의 농업소득은 연간 484만 원이었다. 부부 중 한 분이 돌아가시고 혼자 남게 된 고령의 1인 농가 농업소득을 통계에 반영했다면 '평균 농가소득 5000만 원 시대'라는 농식품부의 자화자찬식 홍보는 결코 나올 수 없다. 과다계상 의도가 의심되는 대목이다. 감추어진 문제는 또 있다. 2023년 농가 부채는 4158만 원으로 사상 최초로 4000만 원을 넘어섰다. 농가소득 5000만 원이라는 환호 아래 농가 부채 4000만 원의 신음이 깔려 있는 것이다. '빛 좋은 개살구'라는 말이 이런 경우

울력을 마치고 집으로 가는 할머니들.

를 두고 하는 말이겠다. 통계의 함정이 감춘 진실은 생각보다 처참하다.

쌀값 하락과 정치의 부재

2024년 10월 초, 농해수위 국감에서 쌀값 20만 원 보장 약속을 지키라고 여야가 한목소리로 농식품부 장관을 질타했다는 기사를 보며 헛웃음이 났다. 할 줄 아는 것이라곤 '불통'과 '거부'뿐인 윤 대통령이 양곡관리법 개정안을 걷어찰 때 쌍수 들어 옹호했던 국민의힘 의원들이 이제 와서 농민을 위하는 시늉을 하며 혀를 놀리다니, 참으로 가관이었다. 정부가 '달성'하겠다고 해 놓고 지키지 않은 쌀값 20만 원이 그토록 대단한 시혜이고 축복인가? 지금으로부터 25년 전인 1999년 쌀값이 한 가마 80킬로그램에 19만 원이었다. 2024년 9~10월 쌀값은 더 떨어져 80킬로그램에 17~18만 원이다. 직장인 월급이 25년째 동결 혹은 삭감 상태라면 받아들일 수 있을까. 농민들은 밥 한 공기(쌀 100그램)에 최소한 300원은 되어야 한다고 수십 년째 외치고 있다. 쌀 100그램에 300원이면 80킬로그램에 24만 원이다.

과자, 라면, 커피 등 온갖 상품들이 해마다 거침없이 오르고, 외식 가격도 무섭게 오르고, 농기계 대여료도 오르고, 투입되는 인건비도 해마다 오르지만, 쌀값만은 수십 년째 제자리다. 기업은 제품 가격을 직접 정하지만, 농민들의 쌀값은 엉뚱한 자들이 정한다. 그들은 쌀이 과잉 생산되어 값이 떨어질 수밖에 없다고 말하지만 '과잉'을 일으키는 진짜 원인은 따로 있다.

　　WTO 협약으로 매년 의무 수입되는 쌀이 40만8700톤이다. 쌀의 구조적 과잉은 이 수입쌀로부터 비롯된다. 수입쌀의 94퍼센트가 저가로 식당이나 식품 가공업체에 들어가 밥쌀이나 즉석밥·막걸리·소주·조청·쌀과자 등 식용으로 사용된다. 국내 쌀의 소비처를 수입쌀이 잠식한 것이다. 국제협약에 따른 의무 수입이니 방법이 없다고? 일본의 경우, 수입 쌀의 26퍼센트만 식용으로 사용하고 74퍼센트는 해외원조나 사료용으로 쓰도록 법으로 강제한다. 자국의 쌀 생산 기반을 지키기 위해 수입쌀에 '용도 제한'을 걸어 둔 것이다.

　　문제를 해결할 의지도 능력도 없는 윤석열 정부는 '쌀값 하락'이라는 고통을 손쉽게 농민에게 떠넘겼다. 윤 정부가 2024년 하반기에 쌀값 대책이랍시고 내놓은 것은 "햅쌀 10만 톤을 격리해 사료용으로 쓰겠다. 우리 쌀 재배 면적을 줄이겠다. 지역별 재배 면적 조정에 응하지 않는 농가에게는 페널티를 부과하겠다"는 식의 강압 대책이었다. 검사 출신 대통령답다. 그래 놓고 2025년 농림축산식품부의 R&D 예산은 대폭 축소하거나 전액 삭감시켰다(농업재해와 병해충 관련 R&D 예산은 0원이다). 내란을 일으켜 민주공화국을 파괴하려다 스스로 종말을 고한 윤석열 정권 3년여 동안 이 나라에는 정부도 없고 정치도 없었다.

지구는 뜨거워지고, 농사는 갈수록 예측이 어렵고, 농민들의 삶은 바닥에 떨어져 있다. 기후 위기 시대에 재해는 필연적으로 일어나고, 피해가 생겼을 때 이것이 재해냐 아니냐, 보상과 지원 범위를 어떻게 하느냐에 모든 이슈가 빨려 들어간다. 재해 보험, 재해 보상, 무슨 무슨 인증 제도를 만들어서 이 돈을 받으려면 얼마나 피해를 입었는지, 얼마나 철저하게 규칙을 지켰는지 증명하라고 한다. 그러나 사안별로 혜택처럼 내려오는 보조금보다 중요한 것은 농산물 가격의 현실화다.

윤 정부가 대단한 선심인 양 남발해 놓고 뒷수습도 하지 않은 '쌀값 20만 원', 부부가 함께 농사지어 간신히 손에 쥐는 1년 '농업소

논에 비료를 뿌린 후 빈 통을 메고 논둑을 걸어가는 어른.

득 1114만 원', 이 두 숫자야말로 자급자족의 낭만적 이미지에 가려진 농촌의 빈곤한 실상이다. 이 실상을 직시하고 해결하려는 고심에서 농정, 즉 정치가 출발해야 한다. 무능한 권력자의 독선이 농민의 삶을 짓밟고 농업의 미래를 파괴하고 급기야 나라 전체를 결딴내는 것을 지난 3년간 비통한 심정으로 지켜보았디. 들을 귀도 해결할 뇌도 없는 정부를 선택한 후과는 결국 국가공동체의 위기로 되돌아왔다. 대체 저 부메랑을 누가 던졌는가.

거미줄 논과 멧돼지 무덤

새끼 멧돼지의 죽음

이른 아침 논물을 보러 나갔다가 농로에 쓰러져 있는 새끼 멧돼지를 보았다. 등에 줄무늬가 선명한 어린 녀석이었다. 목에 이빨 자국이 나 있고 시멘트 바닥에는 피가 낭자했다. 숨은 이미 끊어져 있었다. 사후경직이 일어나지 않은 것을 보아 죽은 지 얼마 되지 않았다. 죽은 자리 옆 논흙이 파헤쳐져 있다. 배를 채울 풀뿌리나 지렁이를 찾고 있었던 것일까.

　이상한 일이다. 어린 녀석이 왜 이른 아침 혼자 나왔을까? 어미가 있었다면 죽지 않았을 텐데. 새끼를 키우는 어미 멧돼지는 예민하고 공격적이다. 목숨을 걸지 않고서야 어미 있는 새끼를 노릴

멧돼지가 논둑을 파헤쳐 놓았다.

리 없다. 죽은 장소가 들판인 것도 이상하다. 멧돼지들은 경계심이 많아 개활지보다 숲을 좋아한다. 한밤중에 산에서 내려와 논둑을 헤집을지언정 사방이 훤히 트인 아침 들판을 돌아다니는 경우는 거의 없다.

　　호랑이와 곰이 사라진 땅에 멧돼지의 상위 포식자는 사람 외에는 없다. 새끼를 공격한 짐승은 뭐였을까. 혹시 대형 유기견일까? 한밤중에 차를 몰고 시골 마을에 들어와 키우던 개를 팽개치고 줄행랑치는 사람들이 있다. 시골길을 헤매는 유기견들이 해마다 적지 않은 것은 그만큼 개를 버리는 사람이 많다는 뜻이다. 만약 유기견이 새끼 멧돼지를 해쳤다면 배가 고파서일 텐데, 멧돼지의 몸에는 이렇다 할 훼손이 없다.

혹시 산 아래 묶여 있는 논 지킴이 개가 풀렸던 것일까? 고라니나 멧돼지에 의한 농작물 피해를 막으려고 개를 밭 가에 묶어 두는 경우가 간혹 있다. 그런 개들을 '밭 지킴이'라고 하는데, 이 마을 농부는 특이하게도 논 옆에 개들을 묶어 두었다. 야산 바로 옆 논이라 멧돼지를 막으려고 그랬을 것이다. 멧돼지는 예민하고 경계심이 많은 동물이라 개가 있으면 쉽게 접근하지 못한다.

논밭을 지키는 개들의 처지는 대체로 열악하다. 주인과 함께 살지 못하고 외따로 있다 보니 사료와 식수를 제때 공급받지 못할 때가 많다. 한여름 불볕과 기나긴 장마를 맨몸으로 견디는 일도 다반사다. 열사병과 목마름, 굶주림으로 죽는 일마저 벌어진다. 2022년 여름 김제에서는 한 살도 안 된 어린 개들이 밭 지킴이로 묶인 채 방치되어 아사한 사건이 있었다.

이 마을의 논 지킴이 개 두 마리는 논의 이쪽과 저쪽에 각각 묶여 있다. 주인 농부는 매일 개들에게 사료를 가져다 준다. 다만 한여름 불볕을 피할 곳이 없다. 뜨거운 햇볕 아래 헉헉거리는 개들이 안쓰러워 옆사람이 논 주인에게 조심스레 말씀드렸다. "작년에는 그늘막이 있던데 올해는 안 보이네요?" 그로부터 며칠 후 개집 앞에 그늘막이 들어섰다.

여름 지나고 가을이 깊어 가는데 개들은 여전히 그 자리에 묶여 있다. 추수가 끝나야 집으로 돌아갈 것이다. 혹시 그 개들 중 하나가 새벽에 우연히 풀렸던 것일까?

새끼 멧돼지의 사체를 거두어 논 위쪽 비탈에 묻어 주었다. 몇 개월 짧은 삶이 흙으로 돌아갔다. 옆사람이 커다란 돌을 가져와 무덤 위에 얹으며 말한다. "내년 봄에 감나무를 한 그루 심어야겠어."

논 지킴이 개집 앞에 그늘막이 설치되었다.

논 비탈에 새끼 멧돼지를 묻고 돌을 얹어 두었다.

벼꽃을 기다리며 꽃물을 대다

이렇게 거미가 많다니

아침 햇살 쏟아지는 논 위로 손바닥 크기의 방사형 그물이 수없이 반짝인다. 거미줄에 맺힌 이슬들이 햇살을 받아 작은 윤슬처럼 빛난다. 우리 논에 이렇게 거미가 많다니! 새삼 감탄한다.

옛말에 "거미줄 많은 논에 멸구 많다"고 했다. 벼멸구 같은 먹잇감 곤충이 많으니 거미도 그만큼 많다는 의미다. 지금은 농약을 쓰지 않는 친환경 논에 거미줄이 많다. 같은 맥락이다. 거미줄을 치지 않고 돌아다니며 사냥하는 늑대거미, 깡충거미도 보인다. 논에 사는 거미들은 벼멸구, 벼잎나방, 이화명나방 같은 해충을 잡아먹는다. 왕우렁이만큼이나 '열일'하는 일꾼이다. 우리야 거미가 고맙지만 인간의 일이야 거미가 알 바 아니다.

지난여름 힘써 김매기를 했음에도 풀은 여전히 왕성하다. 일찌감치 논다매로 밀었던 논에 올챙이고랭이가 이삭 사이로 삐죽삐죽 되살아났다. 수면에는 물달개비가 빽빽하다. 벼의 통풍에는 문제가 없지만 이삭으로 가야 할 거름을 물달개비한테 빼앗기고 있다. 미처 뽑지 못한 여뀌바늘과 피는 벼보다 높이 자랐다. 몇 포기 되지 않으니 대세에는 지장이 없다. 이 정도면 선방한 셈이다.

우리 논 아홉 배미를 돌다 보면 남의 논 구경을 안 할 수 없다. 논 상태를 보면 논 주인이 보인다. 어떤 논은 검은 피가 까마귀처럼 논을 덮었다. 제초에 무신경한 농부다. 관행농이라고 풀이 아예 없

이슬 맺힌 거미줄이 아침 햇살을 받아 반짝인다.

벼꽃을 기다리며 꽃물을 대다

는 것은 아니다. 초반에 제초제로 풀을 잡아도 나중에 일부 피가 올라오는 일이 있다. 그럴 때는 추가로 제초제를 치거나 보조수단으로 왕우렁이를 쓰기도 한다. 그대로 두면 피가 벼 위로 삐죽삐죽 올라오는데, 눈에 거슬리기는 하나 수확에 큰 지장은 없다.

어떤 논은 태풍도 안 왔는데 벌써 벼들이 쓰러졌다. 비료가 과하면 알곡이 많이 맺히는데, 머리가 무거우니 비바람에 쉽게 쓰러진다. 유기농 벼는 알곡의 양이 관행농보다 적은 데다 줄기가 단단하고 힘이 있어서 잘 쓰러지지 않는다.

논 옆에 코스모스꽃이 예쁘게 피었다.

어떤 논은 세상에, 벼가 안 보인다! 풀이 벼를 완전히 삼켰다. 풀 틈으로 고개 내민 이삭 몇 줄기가 아니라면 이곳이 논인 줄도 몰랐겠다. 관리를 안 하면 관행농도 순식간에 풀밭이 된다. 왜 이 지경이 되도록 방치했을까. 논 상태를 보건대 추수를 포기한 것 같다. 논 주인이 이 마을에 살지 않는다고 들었다. '문전옥답(門前沃畓)'이라는 말이 괜히 있는 것이 아니다.

남 흉볼 처지는 아니다. 논을 장악한 풀더미 속에서 애면글면 고생할 때 이웃들이 혀를 끌끌 차던 일이 엊그제 같다. 유기농이든 관행농이든 풀은 무섭다. 제때 풀을 잡지 못하면 작물이 순식간에 사라진다. 풀로 시작해 풀로 끝나는 것이 농사 아닌가.

동네 초입의 빈 밭에 도시 사람들이 비닐을 씌우고 옥수수 모종을 심었던 것이 지난봄이다. 한여름을 지나면서 옥수수는 사라지고 옥수수 키만 한 풀들이 밭을 장악했다. 오며 가며 그 밭을 볼 때마다 옆사람 걱정이 늘어졌다. 풀 무서운 줄 모르는 도시 사람들의 헛수고야 그렇다 치고, 저 밭의 비닐을 대체 어찌 걷느냐는 것이다. 풀은 예초기로 자르겠지만, 검은 비닐을 움켜쥐고 촘촘히 박힌 풀뿌리들을 무슨 수로 제거할까. 더구나 옥수수는 아래쪽 마디에서 쓰러짐을 방지하는 지주근(支柱根)이 나오는 식물이다. 제때 관리하지 않으면 지주근이 멀칭 비닐을 휘어잡고 파고든다. 애초에 비닐을 쓰지 않느니만 못하다. 비닐 걷어 낼 시기는 이미 지났고, 일일이 찢어서 벗겨 내자면 몇 날 며칠이 걸릴 텐데……. 옥수수도 못 돌보는 사람들이 비닐 수습을 할 수 있을지……. 바라건대, 봄에 비닐째 관리기로 갈아 버리는 짓만은 제발 하지 않기를 빌 뿐이다.

그들도 힘들다

8월 중순 벼꽃이 핀 후 9~10월 두 달간은 알곡이 여무는 기간이다. 기온이 내려가야 이삭의 속이 찬다. 쭉정이는 쭉정이대로 알곡은 알곡대로 제 몫의 시간을 차곡차곡 채우고 있다.

출수 이후 40일이 지나면 '완전 물떼기'를 해서 논을 말린다. 그래야 수확할 때 콤바인 작업이 수월하다. 물을 너무 일찍 떼면 미질(米質)이 나빠진다. 우리는 9월 하순에 물꼬를 터서 논을 말렸다. 논의 위쪽 수로에 논물을 대기 좋도록 수위를 높여둔 보(洑)가 있는데, 더 이상 논물 댈 일이 없어 그것도 터 주었다. 수로를 막았던 판자를 제거하자 갇혔던 물이 한꺼번에 빠지면서 미꾸라지와 새우들이 수로 바닥에서 펄떡거린다. 얼마나 느닷없는 상황일까. 미안한 마음에 바닥 흙을 살살 파내 얕은 물길을 만들어 주었다. 다행히 조금씩 흘러내리는 물에 하나둘 미끄러지며 하류로 이동해 갔다.

논둑이 또 파헤쳐졌다. 흙더미가 벼포기 아래로 밀려 들어왔다. 진흙 위에 멧돼지 발자국이 선명하다. 산과 인접한 논에서 종종 벌어지는 일이다. 멧돼지들은 뛰어난 후각으로 땅속 벌레를 찾아내고 단단한 코를 쟁기처럼 사용해 논흙을 들쑤신다. 멧돼지가 허문 논둑 흙이 쓸려내려 도랑을 막는 바람에 논물이 빠지지 않는다. 삽을 들고 도랑을 치면서도 옆사람은 그러려니 한다.

이번에는 멧돼지가 논 안을 휘젓고 돌아다녔다. 논 한복판에 종횡무진 멧돼지 길이 선명하다. 벼들이 이리저리 휩쓸려 쓰러졌다. 좀 놀라기는 했지만 걱정할 정도의 피해는 아니다. 멧돼지가 벼포기를 깔아뭉개 진흙 목욕을 한 것도 아니고 벼알을 쓸어 먹지도 않았다. 옆사람은 이번에도 그러려니 한다.

물을 뺀 수로 바닥에 미꾸라지와 새우가 가득하다.

논둑을 헤집어 지렁이를 잡고 가끔 벼알도 훑어 먹는 행동은 멧돼지로서 자연스러운 먹이 활동이다. 애써 지은 농작물을 지키려는 갖가지 방어 행위도 농부로서는 당연한 생존 행동이다. 멧돼지와 인간은 먹이 영역을 놓고 대치한다. 고구마밭은 멧돼지에게 먹이 창고이고, 고구마밭 주인에게 멧돼지는 퇴치 대상이다. 농부들은 철제 또는 전기 울타리를 둘러쳐 멧돼지를 막는다. 인간들이 자연을 점령하고 야생의 최상위 포식자를 제거하자 개체 수가 늘어난 멧돼지가 인간들의 재배지로 밀고 들어온다. 슬프지만 피할 수 없는 격돌이다.

멧돼지가 논 안을 휘젓고 다닌 흔적.

몇 해 전 겨울의 일이다. 우리 집으로 웬 봉고차가 올라오더니 형광 점퍼에 총을 든 남자 둘이 사냥개 두 마리를 산에 풀었다. 겨울 동안 멧돼지 수렵이 허가된 것이다. 숲에서 육중한 달음박질 소리가 나고 사납게 짖어대는 개들의 소리가 그 뒤를 따랐다. 그리고 얼마 후 총성이 울렸다. "잡았어! 이쪽으로 와! 계곡 쪽으로!"

벌렁거리는 가슴을 진정시킨 후 아래로 내려가니, 계곡의 마른 낙엽 위에 피투성이 멧돼지가 쓰러져 있었다. 논둑 허물고 밭 헤집어 죽을죄를 지은 멧돼지였다. 덩치가 제법 컸다. 살아서 한 번도 마주치지 않았지만 우리 집 뒷산에서 먹고 자고 뛰어다녔을 녀석……. 마음이 무척 아팠다.

 벼멸구 들판에서 정치를 생각하다

까치밥과 불사조 할아버지

한 손에는 깁스, 한 손에는 소주병

해거름 녘이면 개들을 데리고 저수지 둘레를 산책한다. 홀로 계신 할머니 집 담장 위로 붉게 익은 감들이 주렁주렁 늘어졌다. 익다 지친 단감들이 길바닥에 떨어져 퍽퍽! 터진다. 감의 잔해에서 초 냄새가 진동한다. 뭉그러진 감 위로 말벌들이 잉잉대고, 물까치 떼가 몰려와 잔치를 벌인다. 그러거나 말거나 먼 산만 바라보시는 주인 할머니. 감 딸 손이 없으니 이 시골에서는 아무도 못 따는 단감이 아무도 못 먹는 식초가 되어 길바닥에서 풍화 중이다.

떨어진 감을 보니 '불사조 어른'이 생각난다. 몇 해 전, 외출했다 돌아오는 길에 허리가 기역 자로 꼬부라진 할아버지가 버스정류

장을 등진 채 마을 쪽으로 느릿느릿 걸어가시는 모습을 보았다. 왼팔에 하얀 깁스를 하고 오른손에는 검정 비닐봉지를 드셨는데, 축 처진 봉지가 땅에 닿을 듯했다. 서행해 다가가 차를 세웠다. "할아버지, 어디 다녀오세요?" 여쭈니 "어, 병원 갔다 와" 하신다. "타셔요. 댁까지 모셔다 드릴게요." 내려서 조수석 문을 열고 부축해 태워 드렸다. 할아버지 손에서 받아 든 묵직한 비닐봉지에는 됫병들이 소주 두 병이 들어 있었다.

옆사람도 전에 할아버지를 길에서 만났다 했다. 경운기를 몰고 가던 할아버지가 그를 보더니 "어이, 여기 타!" 하시더란다. 그가 경운기에 올라 타자 기어를 3단 고속으로 올리고 마을 길을 무섭게 질주하시더라나. 평소에는 느릿느릿한 어른이 경운기에만 올라타면 폭주족으로 변한다며 옆사람이 웃었다. 아직도 반주로 소주 두 병을 거뜬히 비우신다는 이야기를 할 때는 은근한 흠모와 존경의 내색까지 비쳤다.

한동안 마을에서 할아버지를 볼 수 없었다. 경운기가 도랑으로 추락해 뼈가 부러졌다고 했다. 연세가 팔십 후반, 병원에 입원하신 지 수 개월이 지나도 못 나오시기에 그대로 돌아가시려나 했다. 하지만 웬걸. 들판에 푸른 벼가 넘실거리는 볕 좋은 날, 마을 길에 할아버지가 나타나셨다! 할머니 품에 아기처럼 쏙 안긴 채 할머니의 전동차를 타고 계셨다. 키는 더 줄어들었고 주름진 얼굴은 하얗고 핼쑥했다. 병원에서 잠시 외출 나오셨다고 했다.

할아버지는 늦여름에 퇴원하셨다. 눈만 뜨면 논밭으로 나가던 어른이 몇 달간 병원에 갇혀 계셨으니 오죽 갑갑하셨을까. 퇴원하자마자 할아버지는 성치 않은 몸으로 또 논밭을 기어다니셨다. 집 안팎과 논두렁 밭두렁, 천지사방이 노인을 향해 손짓했을 것이다. 어서 와서 밀린 일거리 좀 해치우라고. 할아버지는 논길에 경운기를 세워 놓고 네 발로 봇도랑을 오르락내리락하셨고, 구부러진 등허리로 벼포기 사이를 굼실굼실 오가셨다. 그렇게 조금씩 회복하시나 싶더니 아뿔싸, 이번에는 갈비뼈가 부러졌다는 소식이 들려왔다. '아니, 어쩌자고 그 몸으로 감나무에 올라가셨대요!'

늦가을 논둑의 감나무들에 대봉감이 가지가 찢어질 듯 주렁

사진 속 노부부는 다른 분들이다. 뼈가 부러진 어른이 늙은 아내의 품에 안겨 있던 모습도 이와 비슷했다. 할아버지와 할머니의 위치만 바뀌었을 뿐.

주렁 달렸다. 단감은 따야 하지만 대봉감은 아직 이르다. 먼저 익은 감에 물까치들의 입질이 시작되었다. 사람들이 따고 남겨 둔 꼭대기 감만 까치밥이 아니라 먼저 익은 감도 까치밥이다. 익기 시작한 감을 새들이 쪼아 대도 사람들은 감을 따지 않는다. 첫서리를 기다리는 것이다. 대봉감은 서리를 맞아야 당도가 높아신다.

'까치밥'을 배고픈 겨울새들의 양식을 걱정한 선조들의 측은지심과 생명 존중으로 해석하지만, 실상을 말하자면 까치밥은 '따지 못한 감'이다. '여우의 신포도'인 것이다. 사람 체중도 감당 못 하는 허약한 감나무의 목질과 2미터도 안 되는 인류의 짧은 신장이 만들어 낸 '따뜻한 신화'랄까. 소유 불가능한 것을 특별한 의미망에 가두고 새로운 서사를 만들어 낼 줄 아는 포유류가 인간이다.

허리 굽은 노인들에게 감 따는 일은 쉽지 않다. 높은 가지 끝에 달린 감을 올려다보기도 어렵거니와 그걸 따는 일은 더더욱 힘들다. 기다란 장대나 집게를 쳐들어 본들 꼭대기까지 닿지도 않는다. 나뭇가지를 딛고 오르자니 위험천만이다. 감나무 가지는 삭정이처럼 잘 부러진다. 노인의 뼈도 나뭇가지처럼 잘 부러진다.

까치밥으로 놔두기에는 너무 탐스러웠던 감 때문에 할아버지는 또 병원에 실려 가셨고, 겨울 한 철을 돌아오지 못하셨다. 그 연세에 회복이 쉽지 않을 것 같았다. 그러나 겨울이 가고 산과 들에 파릇파릇 새싹이 돋아나자, 할아버지는 다시 한번 부러진 몸을 일으켜 세워 모내기 들판으로 당당히 복귀하셨다. 죽음의 나락에서 한 레벨 더 강인해져 돌아온 〈반지의 제왕〉의 백색 간달프처럼.

"노인들, 병원 침대에서 못 움직이고 누워 있으면 근육이 다 풀려서 금방 돌아가시거든. 근데 두 번이나 살아서 돌아오셨어! 불사조야, 불사조!" 옆사람은 이때부터 할아버지를 '불사조 어른'이라 불렀다.

옆사람과 함께 트럭을 타고 나가다 불사조 어른의 빈 경운기가 마을 길 한가운데 서 있는 것을 보고 멈추어 섰다. 잠시 기다리니 길 아래쪽 도랑에서 어른이 네 발로 기다시피 천천히 올라오고 계셨다. 도로까지 힘겹게 올라오신 어른이 비틀비틀 손을 뻗어 경운기 손잡이를 붙들고 온몸을 끌어올려 운전석에 앉기까지 제법 긴 시간이

논둑의 감나무에서 대봉감이 익어 가고 있다.

걸렸다. 우리는 경외감을 가지고 조용히 그 모습을 지켜보았다.

"누구 미래를 보는 것 같네……."

"그렇지."

"저렇게 늙고 싶은 거야?"

"응, 멋져!"

잦은 비에 병드는 이삭

가을비가 장맛비 같다. 며칠째 줄기차게 내린다. 우르르릉 쾅쾅! 천둥 번개까지 내리친다. 출수기(벼꽃 피는 시기)에도 두세 차례 비가 오더니, 등숙기(곡식이 여무는 시기)에도 이렇게 비가 잦다. 올해는 여름 장마도 참 길었다. 한 달 넘도록 내린 비에 강수량도 평년의 두 배나 되었다. 다습한 환경에서는 병원균이 창궐하게 마련이다. 밀식(密植), 과다시비(過多施肥), 잠복 세균은 논에 따라 차이가 있지만, 지나친 비로 인한 다습 환경은 병을 일으키는 공통된 배경이다.

8월 하순께, 친환경 인증기관 담당자가 우리 논에 와서 시료 채취를 할 때 "깨씨무늬병이 왔네요" 했다. 그가 보여 주는 벼잎을 보니 정말 깨알 같은 병반들이 있었다. 깨씨무늬병은 세균성 질병으로, 조식(일찍 심기)이나 밀식(배게 심기), 토양의 양분 부족 등이 원인일 수 있다. 수확기가 다가올수록 병반이 많아져 광합성을 방해하고, 벼알에 쭉정이가 많아진다. 깨씨무늬병을 보고서도 우린 별다른 대처를 하지 못했다. 병해에 무지했고 유기농 방제법도 몰랐다. 전에도 일부 논에 병해를 입었는데, 그때는 피해 면적이 크지 않아 그저 약 치지 않는 농사의 어쩔 수 없는 운명으로 여기고 말았다.

9월 초순이 되니 깨씨무늬병이 심하게 번졌다. 벼잎에 반점이 번지며 누렇게 말라죽은 잎이 많아졌다. 이삭은 속이 차지 않아 쭉정이가 되었다. 일부 논에서는 도열병도 보였다. 도열(稻熱)은 '벼가 탄다'는 한자어로, 불에 그을린 듯한 반점이 잎과 줄기, 마디와 이삭으로 번지는 병이다. 밀식과 과다 질소, 다습한 환경이 병의 원인이라는데, 우리 논은 모내기 때 밀식하지 않았고 비료를 과하게 쓰지

흰잎마름병에 걸려서 벼가 하얗게 변했다.

이삭에 깨씨무늬병이 와서 쭉정이가 많이 생겼다.

않았으니 지속적인 비에 혐의를 둘 수밖에 없다.

병해를 입은 것은 우리 논만이 아니다. 이 마을 저 마을 돌아보니 병해를 입지 않은 논이 오히려 드물다. 벼들의 갈변 정도가 매우 심한 논도 많다. 친환경단지 논이나 일반 관행농 논이나 정도의 차이만 있을 뿐 다 마찬가지다.

벼외 일부가 허옇게 변한 논도 있다. "저건 무슨 병인가요?" 마을 어른께 물으니 "백엽고병이야" 하신다. 백엽고병? 잎이 하얗게 마른다는 뜻인가? 검색해 보니 벼잎이 끝에서부터 하얗게 말라 가는 '흰잎마름병'이다. 잎이 마르니 광합성을 하지 못하고 병원균이 수관과 체관에 번식해 수분과 양분의 이동을 방해한다. 문고병(紋枯病)이라 부르는 '잎집무늬마름병'도 많이 보인다. 벼포기 아래쪽 잎집부터 마르기 시작해 이삭까지 올라와 벼 전체를 주저앉히는 병이다. 이 병 역시 고온다습과 밀식, 질소 비료 과다가 원인이다.

질병의 종류와 원인이 어떠하든 결과는 동일하다. 이삭이 쭉정이가 되어 수확량이 형편없어진다는 것. 벼가 여무는 등숙기 한복판에서 여물 수 없는 병든 낟알들을 속수무책 바라보았다.

벌초와 울력의 계절

추석 즈음이면 마을 곳곳에서 예초기 소리가 요란하다. 바야흐로 벌초와 울력의 계절이다. 벌초는 가족 단위로, 울력은 마을 단위로 한다. 벌초의 경우, 맡아서 하는 자손이 있다면 모를까, 산소를 관리해 온 어른들도 기력이 쇠하시고 도시 사는 자식들도 들르기 어려우면 인력을 사서 의뢰할 수밖에 없다. 그런 벌초 일거리가 간혹 50~60대 농부한테 떨어지기도 한다. 얼마 전 옆사람도 마을 어른의 부탁을 받아 예초기를 멨다. 진입로조차 보이지 않는 산길을 예초기를 휘두르며 길을 내어 올라갔는데 봉분의 규모가 꽤 크더란다. 잡목과 풀로 우거진 산비탈에서 산소를 발굴하다시피 했다고 한다.

울력은 마을 구성원이면 응당 하는 일이다. 사람 키만큼 자라 길 쪽으로 기울어진 쑥부쟁이와 소리쟁이들, 길로 넘실대며 기어드는 칡넝쿨과 환삼덩굴 따위를 이맘때쯤에 벤다. 집 앞길은 각자가

예초기로 무성한 풀을 치며 숲으로 들어간다.

관리한다 쳐도 수 킬로에 달하는 마을 진입로는 혼자 책임지거나 감당할 일이 아니라서 울력으로 해결한다. 하지만 이런 울력도 최근 들어 점점 사라지는 추세다. 마을 어른들 연세가 80~90대로 접어들면서 예초기 울력을 할 사람이 없다. 건넛마을 어른께서 말씀하시길, 마을에서 예초기 들 사람이 70대인 본인과 '60대 젊은이' 둘뿐이라 별수 없이 둘이서 마을 진입로 풀을 베었다며, 이젠 풀 베는 일이 너무 힘들다 하셨다. 그 연세에 왜 안 그렇겠는가.

며칠 전, 옆사람은 아랫집 아저씨와 함께 우리 마을 진입로 풀을 베었다. 도로를 향해 풀들이 넘실넘실 들어오는데 풀베기 울력하자는 말이 없다고, 내버려 두자니 오며 가며 눈이 불편해 도저히 안 되겠다며 그가 결국 아랫집에 전화한 것이다. 이장님도 연세가 많으시고, 할머니와 어른 들을 제외하면 예초기 멜 사람도 없을 것 같으니 그냥 둘이 베자고. 그렇게 두 사람이 한나절을 애쓴 끝에 마을 진입로가 말끔해졌다. 이마에서 발등까지 풀 조각으로 범벅이 된 그를 보며, 우리 다음에는 이 일을 누가 하나, 문득 그런 생각이 들었다. 우리가 80대가 되어도 풀은 여전히 강성할 텐데 말이다.

선대의 산소를 돌보는 일, 시시때때로 제사를 모시는 일, 명절에 대가족이 모이는 일, 울력으로 풀을 베는 일……. 이런 일들은 어쩌면 우리 세대가 마지막이 아닐까 싶다.

벼멸구는 왜 우리 논을 피해 갔을까

가을 들판에서 폐허를 보다

벼멸구가 수확기의 벼들을 삽시간에 초토화했다. 9월 초만 해도 푸른 벼잎 위로 탐스러운 이삭이 너울거리던 들판이 융단폭격이라도 당한 듯 동시다발로 주저앉았다. 벼들이 멍석처럼 둥글게 타들어 가는 모양새가 거대한 원형탈모 또는 운석구덩이처럼 보인다. 쪼그려 앉아 벼포기를 들여다보니 밑동에 벼멸구 수십 마리가 다닥다닥 붙어 즙을 빨고 있다. 겉으로는 괜찮아 보이는 벼들도 밑동은 이미 멸구가 장악한 상태다. 귀농한 지 십수 년에 이런 광경 처음 본다. 재난 영화 한복판에 서 있는 기분이다.

벼멸구는 따뜻한 동남아와 중국 남부에서 날아오는 비래(飛

벼멸구가 찾아온 논의 거대한 원형탈모.

來) 해충이다. 5월에 동남아의 벼 수확이 끝나면 멸구는 저기압을 타고 우리나라로 날아온다. 6~7월에 한반도에 당도해 번식하기 좋은 논을 찾아 자리를 잡고 한 마리당 300여 개의 알을 낳는다. 이 알들이 깨어나 벼멸구 1세대를 이룬다. 일찍 날아온 멸구와 늦게 도착한 멸구의 산란 시점이 다르므로 7월 하순쯤에는 벼멸구 1~2세대가 혼재한다. 농민들은 이 시기에 1차 방제를 하여 멸구의 개체 수를 줄이고 번식을 지연시킨다. 2차 방제는 약 20일 후인 8월 10일경에 한다. 여기까지가 기본 방제다.

기본 방제로도 멸구가 잡히지 않으면 9월 초 3차 방제를 하지만, 대개는 기본 방제로 마무리된다. 개체들이 좀 남아 있더라도 9월 기온이 서늘해지면 세력이 약해져서 벼에 큰 피해를 입히지 못하기 때문이다. 10월이면 추수가 시작되고 추위에 약한 벼멸구는 월동하지 못하고 사라진다. 대체로 그러했다.

올해는 상황이 다르다. 뜨겁고 긴 여름이 9월까지 이어지면서 3세대 알과 약충이 출현했고, 2~3세대 개체들이 기하급수적으로 늘어나 벼포기를 한순간에 주저앉혔다. 멸구 알은 기온에 따라 부화 기간이 달라진다. 기온이 20도일 때는 부화에 12~13일가량 걸리지만 30도가 넘으면 7일 만에 깨어난다. 세대 주기가 그만큼 짧아지는 것이다. 뒤늦게 4차, 5차 방제를 해도 한계가 있다. 드론으로 안개 분사한 약은 위쪽의 벼잎과 이삭을 적실 뿐이고, 경운기에 약통을 싣고 논에 호스를 끌고 들어가 약을 뿌리는 일은 70~80대 고령의 농부들에게는 너무 힘든 일이다. 농약은 수확 전 15일 이전까지 뿌리는 것이 원칙이다. 수확에 임박해 약을 뿌렸다가는 추수한 벼에서 잔류농약이 검출되어 수매도 못 하고 벼를 폐기하게 된다. 그럴 바에는 차라리 조기 수확이 낫다.

조기 수확을 한들 쌀이 성하리라는 보장은 없다. 벼멸구가 즙을 빨아먹은 벼의 이삭은 겉보기에는 괜찮아 보여도 건조와 도정 과정에서 부서져 날아가거나 상당량이 싸라기가 된다. 콤바인 비용과 건조비, 도정비 등을 제하면 남는 것이 없다. 농림축산식품부가

벼 밑동에 붙어 즙을 빨고 있는 벼멸구들.

비바람에 벼가 쓰러져 물에 잠겼다.

미적거리다 농업재해로 인정하기는 했지만 한정된 예산 범위 내 지원액은 정상 소출 수익의 반이나 될까 싶다. 게다가 재해 지원 대상에게는 기준치 이상의 피해율, 호우 피해 면적 제외, 방제 노력 증빙 등등 여러 요건이 까다롭게 붙는다.

    벼멸구 대폭발의 배후에는 과학자와 환경운동가 들의 간절한 경고에도 대다수가 당장 도래하지 않을 것처럼 외면해 온 기후 위기가 도사리고 있다. 날씨와 기온과 다양한 생물의 순리에 기대어 살 수밖에 없는 농민들은 이상기후의 빠른 감지자이자 그 직격탄의 희생자가 된다. 문제는 이 이상기후가 일회성으로 끝날 리 없다는 것이다. 해를 거듭할수록 재해는 일상화되고 피해 양상도 예측이 어렵고 규모도 점점 커질 것이다. 기온이 점점 오르고 겨울이 짧아지면 월동하지 못 하던 해충들도 우리나라에서 겨울을 날지 모른다. 동남아에 살던 벼멸구가 한반도에 정착하게 된다면 농업은 또 어떻게 변할까.

벼멸구가 싫어하는 논

언론에서는 전혀 주목하지 않았지만 눈여겨볼 현상이 하나 있다. 벼멸구가 급속도로 확산하던 9월 하순, 옆사람은 매일 아홉 배미 논을 돌며 벼멸구 피해가 있나 없나 눈을 부릅뜨고 살폈다. 주변 논들이 동시다발로 시커멓게 주저앉는 와중에도 논둑 하나를 사이에 둔 우리 논 아홉 배미는 각각 모두 무탈했다. 논 위에 투명 방호막이라도 씌워진 것 같았다. 남들 다 겪는 재난을 우리만 피해 가다니, 이 상황은 뭐지? 문설주에 피를 바른 출애굽의 신통력이라도 있다는 말인가? 우연으로 치기에는 너무나 기이한 현상이었다.

우리 논만 무사한 것이 아니었다. 친환경단지 내의 논들도 모두 멀쩡했다. 유기농 농사를 짓는 지인들에게 전화를 돌려 "멸구 피해 없느냐?" 물으니 하나같이 같은 대답이 돌아왔다. "우리 논에는 멸구 안 왔어." 이쯤 되면 우연이라 할 수 없다. 하지만 이 현상에 주목하는 매체는 어디에도 없고, 언론에서는 기후 변화, 피해 규모, 재해 인정을 요구하는 농민들의 한탄만 인용할 뿐이다.

"왜 유기농 논에 멸구가 안 오죠?" 만나는 사람마다 붙잡고 물었다. 다양한 대답들이 나온다. "친환경 논에는 거미가 많아서 그래. 거미는 멸구 천적이니까." "유기농 토양에는 미생물이 살아 있어서 벼의 면역력이 좋거든." 정미소 앞에서 마주친 농부는 한마디로 정리하신다. "요소 비료 때문이야!" 요소 비료는 관행농 대부분이 사용하는 질소질 화학비료다. 질소질은 작물을 빨리 키우고 잎을 부드럽

벼멸구 피해가 없는 친환경단지 논.

고 왕성하게 만들어 열매를 많이 맺히게 한다. 부드러운 줄기와 잎은 벌레들에게 손쉬운 먹잇감이다. "유기농 벼는 볏대가 단단해. 멸구가 안 먹어."

전라남도농업기술원에 전화해 이 세 가지(천적, 토양, 비료) 의견의 타당성을 물었더니 시원한 답이 돌아왔다. "셋 다 맞습니다. 유기농 논을 벼멸구가 회피하는 현상에는 확실한 근거가 있어요. 실험으로 검증된 사실입니다." 농업연구사의 답을 요약하면 이렇다.

① **천적** : 유기농 논에 사는 거미는 멸구의 천적이다. 멸구가 유기농 논에 내려오면 거미줄이 많아질 뿐만 아니라 벼의 아래쪽으로 거미줄이 내려간다. 벼 밑동에 서식하는 멸구를 잡으려는 거미의 생존술이다.

② **토양** : 유기재배 논에는 토양 미생물이 살아 있다. 발효 퇴비에 있는 미생물의 대사 산물에는 벼에 유용한 성분이 많아 벼의 면역력을 높인다.

③ **비료** : 7월 초순, 벼멸구가 당도한 한반도의 논에는 모내기 후 40일가량 된 벼들이 자라고 있다. 질소 비료가 투여된 논은 벼포기가 무성하고 탐스러우며 벼잎 색이 진초록이다. 벼 밑동은 빽빽하여 멸구가 서식하기 좋고, 잎집은 무르고 전분이 풍부해 단맛이 난다. 반면 유기농 벼는 밑동이 허전하고 볼품없고 벼잎 색도 연하다. 질소질이 적으니 벼의 줄기가 뻣뻣하고 당분도 없다. 멸구는 무성하고 단맛 나는 벼포기를 최적의 번식처로 선택해 내려앉는다.

덧붙이면, 관행농 논에서 실컷 먹고 난 벼멸구가 유기농 논으로 건너갈 수는 있다. 하지만 유기농 벼는 줄기가 단단하여 쉽게 무너지지 않는다. 벼의 면역력과 힘으로 잘 견디다 보면 수확 시기가 된다.

유기재배 벼도 퇴비를 과하게 써서 무성하게 재배하면 충해를 입을 수 있다. 마찬가지로 일반재배 벼도 질소질 비료를 억제하면 벼멸구 피해를 줄일 수 있다. 관행농인데도 멸구 피해를 입지 않은 논들은 대부분 그런 경우다.

기후 위기, 공동의 죄

유기농 논을 벼멸구가 피해 갔다는 사실에서 나는 기후 위기 시대 농업의 작은 피난처를 본 듯하다. 온실가스 배출을 줄이고 땅과 벼가 서로 힘을 북돋는 농사를 모색하는 일은 닥쳐올 위기의 폭풍을 견딜 자가면역의 닻이 될 수 있을까. 하지만 현재로서는 섬처럼 외로운 이야기다. 우리나라 친환경 농지 면적은 4.8퍼센트다.

결국 문제를 풀어야 할 영역은 정치다. 농림축산식품부는 농민들에게 이른바 '탄소중립' 농법으로 농축산 분야의 온실가스 배출을 줄이라 한다. 우리나라에서 농업 부문이 배출하는 온실가스는 국가 전체 배출량의 3.2퍼센트다(그 외, 에너지 86.9퍼센트, 산업공정 7.6퍼센트, 폐기물 2.4퍼센트). 농경지 경운 시 배출되는 탄소는 지적하면서 엄청난 양의 수입 농산물 수송·가공·유통 등으로 배출되는 온실가스는 언급하지 않고(우리나라 곡물 자급률은 18.5퍼센트다), 축산에서 배출하는 메탄과 아산화질소가 문제라면서 매 끼니 대량의 고기를 소비하는 식문화는 문제 삼지 않는다. 다수의 농민이 화학비료와 살충제를 쓰면서 농사짓는 이유는 빛깔 좋고 탐스럽고 벌레 구멍 없는 농산물을 소비자들이 원하기 때문이다. 농지와 축사뿐 아니라 비료와 농약, 동물 사료 생산에도 온실가스가 배출된다. 사회는 유기적으로 연결되어 있고 농민은 외따로 존재하지 않는다. 근본적인 전환이 필요하다는 생각을 떨칠 수 없는데, 그 일을 해야 할 정부 관료들은 이런 문제에 관심이나 있는지 모르겠다.

인류는 지구를 망가뜨리는 방향으로 질주해 왔고 파국이 눈앞에 보이는데도 브레이크를 밟지 않는다. 가장 약한 고리부터 희생시키며 어디까지 달리려는 것일까. 이런 이야기조차 누굴 향해서 해야 할지 몰라 허탈하고 막막하다. 당장 내 일신상에 고통이 닥치지 않으면 지금까지 누려 온 편한 관성에 얹혀 살아간다. 점점 뜨거워지는 냄비 속 개구리처럼, 두려움을 무시하며 그런대로 태평하게. 자연의 경고가 시작된 지 이미 오래이나 우리는 눈앞에 재앙이 닥쳐야만 비로소 발을 구른다. 과연 우리는 스스로 멈출 수 있을까?

농경민의 후예들, 벼를 거두다

헤어리베치 씨앗을 뿌리다

추수를 한 달여 앞두고 헤어리베치 씨앗을 가져가라는 연락이 왔다. 이맘때면 지자체에서 친환경 농가에 헤어리베치 씨앗을 무료로 보급한다. 헤어리베치는 콩과 식물로, 질소를 고정해 지력을 높이는 풋거름작물이다. 토종 식물인 갈퀴나물과 비슷한데, 갈퀴나물보다 꽃도 일찍 피고 털도 많아서 영어로 hairy vetch, 우리말 이름으로는 '털갈퀴덩굴'(정명 벳지, *Vicia villosa*)이라 한다. 유기농 벼농사에는 헤어리베치 이모작이 필수 조건이다.

벼 베기 보름 전, 헤어리베치 씨앗을 벼포기 위로 뿌린다. 9월 하순에 '완전 물떼기'를 한 논바닥으로 헤어리베치 씨앗이 떨어진다. 벼를 수확한 후나 이듬해 봄에 뿌려도 되는데, 그럴 때는 기계로 로터리를 쳐서 씨앗을 흙으로 덮어 주어야 한다. 우리는 기계 작업을 두 번 하고 싶지 않아서 벼를 베기 전에 파종한다. 추수와 동시에 볏짚을 썰어 주면 헤어리베치는 작은 덩굴손을 뻗은 어린 식물 상태로 볏짚 이불 아래서 겨울을 난 후 새봄 황량한 들판을 푸르게 덮으며 자라난다.

헤어리베치는 덩굴성 식물이다. 5월에 짙은 보라색 꽃을 피우는데, 이때가 헤어리베치를 벨 시기이다. 모내기 2~3주 전인 5월 중순, 푸르게 잘 자란 헤어리베치를 경운기나 트랙터로 갈아 땅으로

10월, 비료 살포기로 헤어리베치 씨앗을 뿌린다.

5월, 헤어리베치를 경운기로 갈아 땅으로 돌려준다.

돌려준다. 그 땅에 물을 대어 풀을 썩힌 후 6월 초순 모내기를 한다. 헤어리베치는 질소 함량이 높아 화학비료를 대체하는 효과가 있다.

헤어리베치 씨앗까지 뿌렸으니 추수 준비는 마친 셈이다. 이제 농협에 가서 농작물 재해보험 사고 접수만 하면 된다. 예전에는 농작물 재해보험이 있는 줄도 몰랐다. 병해가 심해 수확량의 절반밖에 못 거두었을 때도 농약을 안 치니 어쩔 수 없다고만 여겼다. 올해는 농작물 재해보험에 처음 가입했으니 수확하기 전 병해 평가를 받아보기로 했다.

농작물 재해보험 손해평가사가 우리 논에 왔다. 깨씨무늬병과 잎집마름병의 분포 면적, 채취한 벼의 포기당 무게, 벼알의 함수율 등을 측정하여 피해 비율을 정한다고 한다. 벼포기가 너무 빈약하고 벼알의 양도 적다 하기에, 유기농 수확량은 관행농에 비해 70~80퍼센트 수준인데, 올해는 병까지 와서 더 그런 것 같다고 말했다. 자부담 20퍼센트를 제하면 얼마나 나올지 모르겠지만 그래도 보험에 들지 않은 것보다는 낫겠지 싶다.

옛사람의 농사를 떠올리다

잘 익은 벼의 빛깔은 황홀하다. 노란색이라는 말로는 부족한, 따뜻하고 꽉 찬 황금빛이다. 상투적 표현을 싫어하지만, 익은 벼 앞에서

가을 하늘 아래 벼가 익어 간다.

는 '황금빛 들판'이니 '풍요로운 가을'이니 하는 상투적 찬사들이 다 그럴듯하게 느껴진다.

우리 지역은 보통 10월 중순부터 추수를 시작한다. 추수 일정은 각 논의 사정과 콤바인 일정에 따라 정해지는데, 늦어도 서리 오기 전에는 벼 베기를 마치는 것이 좋다. 벼가 서리를 맞으면 미질이 떨어지기 때문이다.

드디어 추수 날, 아침 이슬이 마르기를 기다려 '가도리' 작업을 시작한다. 논의 입구 쪽 벼를 낫으로 미리 베어 놓는 것을 가도리라 하는데, 콤바인이 논으로 진입할 때 바퀴 궤도에 벼포기가 밟히지 않도록 하는 조치다.

이씨 어른께서 콤바인을 몰고 우리 논으로 오셨다. 모내기는 이앙기로 우리가 직접 하지만 벼 베기는 해마다 어른께 부탁드린다. 우리 농사 규모에 콤바인 같은 대형 농기계를 갖출 수는 없다. 1년에 한 번 쓰는 기계이니 추수 때 비용을 내고 빌리는 것이 합리적이다. 이씨 어른께서는 본인 농사 외에 이웃들의 추수도 해 주면서 소규모 건조장까지 운영하고 계신다. 수확 철은 어른한테 가장 바쁜 시기다.

기계가 논으로 들어간다. 앞에서는 벼를 베어들이고 뒤쪽으론 볏짚을 파쇄해서 내놓는다. 속도와 효율이 대단하다. 허리 숙여 낫으로 벼를 베고, 홀태로 벼알을 훑고, 햇볕에 벼를 펼쳐 며칠씩 말리고, 일일이 손과 발로 방아를 찧었던 옛사람들이 이 광경을 본다면 뒤로 나자빠질 것이다. 사람 손으로 하던 일을 기계가 맡으면서 농사 과정에 들이는 노동량은 획기적으로 줄었다. 옛날에는 수십 명이 달려들어도 며칠씩 걸리던 일을 지금은 기계가 하루 만에 해치운다.

농경사회의 옛 풍경, 옛사람들의 농사를 상상한다. 도시의 빌딩 사무실에서 컴퓨터 앞에 앉아 키보드를 두드릴 때는 한 번도 떠올려 본 적 없는 장면이다. 속한 공간과 노동의 내용이 달라지니 상상의 범주도 달라진다. 과거의 내게 '옛사람'은 책으로 만난 역사 인물들,

추수 전, 콤바인이 들어갈 자리를 미리 낫으로 베어 놓는다.

예컨대 역사 기록 속에 등장하는 왕족과 선비들이었다. 그러나 지금 내가 떠올리는 '옛사람'은 논밭에서 혹독한 노동을 감당했던 노비와 상민 들이다. 역사책에 이름 한 줄 올릴 수 없었던, 그러나 온몸으로 한 시대를 떠받쳤던 일꾼들 말이다.

파종기도 이앙기도 트랙터도 콤바인도 없던 시절, 뼈가 닳도록 노동하고, 병해충과 가뭄에 애태우고, 포악한 관리에 시달리고, 흉년의 굶주림 속에서도 자식들 먹여 살리려 몸부림쳤을 사람들을 생각한다. 그들은 오래전 세상을 떠났지만, 그들이 갈퀴손으로 일구었던 논밭은 지금 우리의 터전이 되었다. 우리가 떠난 후에도 이 땅은 벼를 계속 키워 낼까?

사회의 고도화와 기술력의 진보에 따라 쌀 생산 과정에 투입되는 기계와 연료는 달라졌지만, 몇백 년 전이나 지금이나 벼의 생육 과정은 다를 것이 없고 농사지은 곡식을 먹고 사는 것도 예나 지금이나 크게 다르지 않다. 농경사회를 살았던 옛사람들의 일상이 나의 일상에 겹쳐 보이는 것은 나 역시 갈 데 없는 농경민의 후예라서일 것이다.

벼 베기 작업은 2인 1조로 움직인다. 콤바인을 운전하는 사람과 곡물 적재함을 이동시키는 사람. 어른께서 콤바인으로 벤 벼를 트랙터의 곡물 적재함에 쏟으면 어른의 아들이 트랙터를 건조장으로 이동시킨다. 추수하는 동안 이 과정이 몇 차례 반복된다.

어른의 아들은 3년 전 논을 메워 시설을 짓고 블루베리를 심

콤바인 덕에 추수 속도가 빠르다.   콤바인이 수확한 벼를 트랙터의 적재함에 쏟아붓고 있다.

었다. 올해 첫 수확을 했는데 다행히 작황이 좋아 시설비를 건졌다고 한다. 블루베리 농장 옆에는 토란밭이 있다. "토란 일이 많이 힘들죠?" 물으니 "일일이 껍질 벗기느라 손이 너무 많이 가요. 힘드네요." 한다. 내가 안쓰러워하니 그가 더 안타까운 표정으로 말한다. "의득 형 여름에 풀 매느라 그리 고생했는데…… 올해는 나락이 너무 안 나왔네요." 아닌 게 아니라 수확 마친 후 나락 무게를 재 보니 작년에 비해 25퍼센트나 줄었다. 옆사람 표정이 좋지 않다. 어쩌랴, 이미 끝난 일. 내년에 잘 지으면 되지.

도시에서 직장인으로 살 때는 목표를 정하고 성과를 내고 성장을 이루어야 한다는 강박이 있었다. 밥값을 해야 한다는 생각, 내 값어치를 높이려는 욕망, 사회적 인정을 얻기 위해 자기 착취를 해야만 마음이 놓였다. 농부가 되니 그런 강박이 들어설 자리가 없다. 내 힘만으로 되지 않는 것이 당연하고 목표와 성과 사이 상관관계도 종종 허망하다. 추수기가 되면 병해가 왔든 수확량이 적든 그냥 받아들이는 마음이 된다. 인간의 문제는 정치로 풀어야 하나 자연에게 삿대질할 마음은 없다. 농사의 사이클은 1년, 흥하든 망하든 봄은 오게 마련이고 우리는 다시 처음으로 돌아가 새 볍씨를 고를 것이다.

갓 거둔 벼는 수분 함량이 높아서 물벼라 부른다. 물벼를 바로 도정하면 쌀알이 으깨진다. 반드시 벼를 말려야 하는 이유다. 벼를 말릴 때는 적정 시간, 적정 온도, 알맞은 함수율로 건조해야 쌀이 손상되지 않는다. 건조장에서 연료를 아끼려고 고온으로 빠르게 건조하면 도정할 때 싸라기가 많이 나오고 쌀알에 실금이 가서 밥이 푸석하고 맛없어진다. 설정 온도 35~40도에서 곡물 함수율 14~15퍼센트가 되도록 시간을 들여 천천히 말려야 한다.

    건조장에서 말리지 않고 햇볕에 말리는 방법도 있다. 벼의 양이 많지 않으면 건조비도 아낄 겸 햇볕 건조를 한다. 농사 양이 많지 않았을 때는 나락을 햇볕에 널어 말렸다. 길가에 검은 망을 깔고 벼를 펼쳐 고무래로 여러 차례 골을 내가며 말리는데, 가을 햇볕이 좋으면 3~4일 안에 건조가 끝난다. 때아닌 비라도 오면 비상이 걸리지만 말이다.

햇볕 건조는 비용 대신 노고와 시간이 든다. 건조가 끝난 벼를 일일이 삽으로 퍼서 수십 개의 포대에 담아 불끈불끈 들어 올려 트럭에 싣는 일은 너무나 힘들다. 건조장에서라면 톤백(하단에 배출구가 있는 1톤짜리 곡물용 마대)째 지게차로 나르면 끝날 일인데 말이다.

추수 끝난 빈 들판에 서서

아침 6시 반, 해가 뜨기도 전에 정미소로 간다. 원등정미소 사장님

곡물 건조기에서 건조를 마친 벼가 나오고 있다.

햇볕에 벼를 말리고 있다.

네 출가한 딸과 아들 들, 여러 명의 일꾼까지 모여 정미소가 북적북적하다. 정미소 앞길에는 벼가 담긴 톤백들이 늘어서 있다. 지게차가 왔다 갔다 톤백을 실어 나른다. 정미소 안주인께서 새벽밥을 지어 놓고 사람들을 방으로 불러들인다. "들어와서 아침 먹어요!" 쌀 찧으러 온 우리도 예외가 아니다. 강권에 못 이겨 정미소 집 안방으로 들어가면 따뜻한 아침상이 기다리고 있다. 안주인과 딸들이 김이 모락모락 나는 밥과 국과 반찬을 밥상 위로 나른다.

추수철 원등정미소에는 먹을 것이 넘친다. 비타민 음료, 믹스커피, 막걸리뿐만 아니라 건빵, 새우깡, 삶은 달걀 등이 가득 쌓여 있다. 따끈따끈한 호박시루떡, 가래떡, 절편도 준비되어 있다. 누구든 오며 가며 내키는 대로 집어먹는다.

윤씨 아저씨가 들어오셔서 테이블에 앉으니, 안주인께서 자연스럽게 냉장고에서 맥주 두 병을 꺼내오신다. 옆사람과 아저씨가 맥주를 주거니 받거니 하니 안주인께서 "더 줘?" 하시곤 또 맥주 두 병을 내온다. 이번에는 안방 문이 열리더니 딸이 고개를 내민다. "후라이 해 줘요?" 윤씨 아저씨가 손사래를 치며 달아난다. "나, 가네!"

정미기를 통과한 우리 벼가 쌀포대로 바뀌어 컨베이어벨트를 타고 나온다. 일하는 분이 쌀포대를 어깨로 받아 팔레트 위에 내려놓으면 나는 재빨리 우리 쌀 전용 스티커를 포대 위에 붙인다. 그 모습을 옆에서 지켜보시던 마을 할머니께서 슬며시 내게 물으신다. "한 포대에 얼마나 받소?" 할머니의 쌀값을 짐작하기에 차마 대답을 못 하고

이른 아침 정미소 앞, 벼가 담긴 톤백들이 줄지어 도정을 기다리고 있다.

우물거리는데, 곁에 선 농부께서 한마디 하신다. "아이고, 여름 내내 날마다 논에 들어가 징허게 풀 매더만! 적게 받고 말지 나는 그 짓 못 허네."

정미소 사장님께 올해 쌀값을 물어보니 20킬로그램 한 포대에 5만 원이라 하신다. 쌀값에 연동되어 도정비가 정해지니 사장님의 기준은 신뢰할 만하다. 도매가는 이보다 훨씬 낮을 것이다.

우리 쌀은 추곡 수매에 내지 않는다. 우리는 직거래로 팔고, 값도 직접 정하고, 관행농보다 비싸게 받는다. 민망하고 죄송해서 할머니께 답을 못 드린 이유다. 그러나 나의 죄송함은 부당하고 서글프다.

도정을 마친 후, 부산물로 나온 왕겨 수십 포대를 트럭에 실어 밭에 부려 놓았다. 월동하는 마늘밭, 양파밭에 이불로 덮어 주기 위해서다. 남은 왕겨는 물기를 더해 비닐로 감싸서 퇴비로 만든다. 우리 쌀에서 나온 싸라기와 쌀겨가루(미강)도 모두 실어 왔다. 쌀겨가루는 현미를 백미로 깎을 때 나오는 쌀의 겉껍질이라 영양소가 풍부하다. 유기농 쌀겨라 먹을 수도 있고 세안제로 쓸 수도 있지만 그런 용도로야 두어 바가지면 충분하다. 필요한 이웃과 나누고 남은 십여 포대를 추수 끝난 빈 논에 휘휘 뿌렸다. 볏짚과 함께 썩어 내년 농사에 밑거름이 되겠지.

11월 중순, 쌀 판매와 발송을 끝내고 나니 몸과 마음이 한가하다. 헤어리베치 싹이 얼마나 자랐나 보려고 논에 갔는데 조용해야 할 논이 뜻밖에 시끄럽다. 왜앵~ 왱왱왱~~~ 꿀벌 수백 마리가 넓은 논의 벼 그루터기 사이를 쉴 새 없이 날아다닌다. 쪼그려 앉아 들여다보니 쌀겨가루를 열심히 파내서 물어 나르는 중이다. 그동안 얼마나 많이 물어 갔는지 봉긋하던 쌀가루 산이 여기저기 패여 있다. 세상에, 우공이산(愚公移山)이구나! 우직한 꿀벌들이 옮기는 쌀가루 산. 이 산 파내서 어디에 산을 이루려는 거니?

벌통 식구들 겨울 양식이겠지. 쌀겨에도 약간의 당분이 있으니까 말이다. 꽃가루가 없는 계절, 쌀가루라도 있어서 다행이다 싶

추수 후 논에 뿌린 쌀겨가루에 몰려든 꿀벌들.

다. 겨울이 오면 어미 벌을 제외하곤 다 죽는 쌍살벌과 달리 꿀벌은 군집으로 겨울나기를 하니 혹한을 견딜 에너지가 절실할 것이다. 우리 쌀겨가 꿀벌들의 겨울 생존을 돕다니, 예상치 못한 광경에 흐뭇하다. 논에 거름 좀 줄면 어떤가. 땅에 스미지 못한 쌀겨가 벌에게로 가서 꿀이 되면, 새봄에 태어날 어린 꿀벌들이 세상의 알곡과 열매를 도와줄 텐데 뭐.

드디어 겨울이다. 논밭이 쉬면 우리도 쉰다. 농부가 된 후 겨울이 좋아졌다. 직장 다닐 때는 한 계절을 쉰다는 것은 상상조차 하지 못했다. 지금은 작물의 때와 철에 맞추어 움직이고 수확 후에는 긴 휴식에 들어간다. 이 사이클이 마음에 든다.

한 해가 간다. 싹트고 자라서 열매 맺고 사라지는 일은 자연스럽다. 내가 존재하지 않았던 과거, 내가 숨 쉬는 현재, 내 흔적조차 없을 미래⋯⋯. 유장한 시공간의 흐름 속에 한 점으로 잠깐 머물다 가는 개체일 뿐이라는 생각이 분명해진다. 노동하고 거두고 먹고 사랑하고 돌보고 연민하는, 이것만이 전부라는 생각도 든다. 앞으로 몇 차례나 새봄을 맞이하고 추수 끝난 들판을 바라볼 수 있을까. 짧은 하루, 짧은 한 해, 짧은 인생의 순간들이 아깝고 귀하다.

추수 끝난 빈 들판.

에필로그

보릿고개가 태산보다 높다
— 봄 농사를 준비하며 옛사람을 생각한다

봄이다. 언 흙이 녹아 들썩거리고, 나뭇가지에 푸른 물이 오르고, 대지를 뚫고 나온 초록이 순식간에 들판을 점령하는 봄. 풀도 꽃도 새도 개구리도 겨울을 박차고 일어나는 봄날, 농부는 논과 밭에 거름을 뿌리고 한 해 농사를 구상하며 종자를 고른다.

벼농사는 청명(清明) 무렵 시작하지만, 밭농사는 계절의 구분을 잃은 지 오래다. 비닐하우스 온실이 일반화된 후 농촌의 봄은 빨라졌고 작물의 계절이 없어졌다. 한겨울에 비닐하우스에서 딸기와 푸성귀가 나오고 온갖 과일과 채소가 사계절 내내 시장에 쏟아진다. 현대인들은 과거 어느 시대보다 풍부하고 다양한 먹거리를 소비하며 살고 있다.

화사한 봄꽃 아래 굶어 죽는 사람들

우리에게 봄은 만물이 소생하는 희망의 계절이지만, 옛사람들에게 봄은 굶주림으로 죽어 가는 절망의 계절이었다. 늦가을에 거둔 곡식은 소작료와 빚, 세금 등으로 대부분 빠져나가고, 남은 곡식을 아껴 간신히 겨울을 나도 보리가 여무는 초여름까지 버틸 수 없었으니, 이 혹독한 춘궁기(春窮期)를 '보릿고개'라 한다. 흉작으로 수확물이 미미하면 곤경은 더욱 심해, 풀뿌리를 캐서 죽을 끓이고 나무껍질을 벗겨 먹으며[草根木皮] 아슬아슬하게 목숨을 부지해야 했다. 화사한 봄꽃 아래 걸식하며 떠도는 사람, 굶어 죽는 사람이 속출했으니, "보릿고개가 태산보다 높다"라거나 "보릿고개에 죽는다"는 말이 있을 정도로 봄은 참혹한 계절이었다.

> "들으니, 떠돌이 거지 한 사람이 마을 옆에서 죽었다고 하여 나도 모르게 놀랐다. 지난번에 들으니, 하도(下道)에서는 길에 굶어 죽은 사람이 많다고 하였는데, 이번에 이 말을 듣고 보니 불쌍하고 마음이 아파 견디기 어렵다."
>
> 권상일(權相一), 《청대일기(淸臺日記)》, 1746년(영조 22년) 3월 2일.

> "오후에 활짝 갰으나 바람이 불었다. 홍매와 진달래꽃이 비로소 피었다. 기여(蕢如)가 그제 채명천(蔡命天) 군의 장사를 가서 보고 돌아와 전하기를, 장사 지내는 곳에 떠돌이 거지 200여 명이 몰려들었다고 하여 나

에필로그

> 도 모르게 슬프고 마음이 아팠다."
>
> 권상일, 《청대일기》, 1746년(영조 22년) 3월 26일.

17세기 문인 김광계(金光繼)의 《매원일기(梅園日記)》에는 극심한 가뭄으로 굶주린 사람들이 묘산(墓山)의 소나무를 베는 이야기가 나온다. 봄철의 소나무는 배고픈 사람들의 구황식물이었다. 새순을 뜯어 먹기도 하고, 송기(松肌, 겉껍질과 목질 사이의 얇은 속껍질)를 벗겨 말려서 곡물가루와 함께 죽을 쑤어 먹기도 했다. 김광계는 조상의 묘를 지키기 위해 사람들을 내쫓기는 했지만, 굶주린 사람들 사정을 생각하면 마음 편치 않았다고 적고 있다(1610년 5월 3~10일 기록).

> "어머니의 병환은 여전하다. 아직 보리를 타작하지 않아서 생계가 곤궁하니, 장차 밥을 짓지 못할 것 같다. 아래 노비들의 굶주린 기색은 또한 차마 보지 못하겠다."
>
> 최흥원(崔興遠), 《역중일기(曆中日記)》, 1751년(영조 27년) 5월 15일.

보리타작 이전의 굶주림은 보리 수확에 대한 희망으로라도 견디지만, 여물기만을 기다리던 보리가 흉작이라면 이보다 더 절망적인 상황이 없다.

> "올 장마가 지나면서 상황이 급변하였다. 보리 껍질이 비에 젖은 데다가 고인 물에 침수되어 썩어 버린 것이 많았다. 이삭에 싹이 난 것들도 모두

> 썩었다. 보리뿐 아니라 조의 싹은 무성한 잡초에 녹아 내렸고, 그나마 남아 있던 것들도 벌레가 거의 다 먹어 버렸다."
>
> 김령(金坽), 《계암일록(溪巖日錄)》, 1632년(인조 10년) 5월 22일.

보리 흉작의 여파는 봄날 보릿고개에 이어 가을 벼를 수확하기까지 이어졌으니 그토록 긴긴 굶주림을 어찌 견뎠을까. 삼시세끼를 먹더라도 해내기 힘든 고된 농사일을 기아 상태로 어찌 감당했을까. 조선시대 사람들의 신산한 삶은 상상하기도 아득하다. 다음 기록은 보리 흉작 이후의 참담한 상황이다.

> "춘궁(春窮)의 굶주린 백성이 갑작스레 보리 흉작의 참혹함을 당한지라 먹을 양식이 떨어져서 논밭의 잡초를 뽑고 싹뿌리에 북을 돋우는 일도 적기(適其)에 하지 못하니 백성의 일이 진실로 안타깝다."
>
> 조재호(趙載浩), 《영영일기(嶺營日記)》, 1751년(영조 27년) 8월 22일.

곡우에는 못자리, 망종에는 모내기

24절기에는 농경사회의 중심축인 농사의 순환 주기가 드러나 있다. 청명이 지나면 논갈이와 써레질로 땅을 준비하고 곡우(穀雨) 무렵에는 못자리를 한다. 곡식 곡(穀), 비 우(雨). 못자리에는 물이 필수이니 곡우라는 절기 명이 합당하다. 조선시대에는 물 대기 좋은 논에 못자리를 만들어서 볍씨를 뿌려 모를 길렀다는데, 지금은 플라스틱 모판에 상토를 깔고 볍씨를 파종한 후 물을 채운 못자리 논에 넣는다.

벼농사에는 많은 양의 물이 필요하다. 지금은 마을마다 저수지가 있고 농업기반시설이 잘되어 있어 웬만한 가뭄에도 모내기가 가능하지만, 조선시대에는 일부 논을 제외하곤 대부분이 천수답이라 비에 의존할 수밖에 없었다. 제언(堤堰)과 천방(川防)을 수리시설로 이용하고 보(洑)도 축조했으나 가뭄과 홍수 대처에 충분치는 않았다. 가뭄이 길어져 모내기를 제때 못한다는 것은 흉년의 예고이자 다가올 기아의 공포였다. 사람의 힘으로는 방법이 없었으니, 하늘을 쳐다보고 기우제(祈雨祭)라도 지낼 수밖에. 기다리던 비가 내리면 그 기쁨은 형언하기 어려웠을 것이다. 그야말로 회생의 비, 살림의 비였을 테니.

> "경기도의 가뭄이 한결같아서 주상께서 또 몸소 기우제를 지내셨다."
> 권상일, 《청대일기》, 1753년(영조 29년) 6월 1일.

> "오래도록 가물다가 비로소 비가 내리니 모든 백성이 모를 옮겨 심는데, 검은 머리 아이와 흰머리 늙은이가 도로에서 함께 기뻐하며 손뼉을 쳤다."
> 장흥효(張興孝), 《경당일기(敬堂日記)》, 1615년(광해군 7년) 6월 13일.

이앙법이 도입되기 이전, 조선의 논농사는 대부분 직파법이었다. 직파법은 씨앗을 직접 논에 뿌리는 방법이다. 직파법으로 농사를 지으면 묘상 관리나 이식이 필요치 않지만, 병충해나 냉해로부터 어린 모를 보호하기 어려웠고 김매기에도 노동력이 많이 들었다. 이앙법은 못자리에서 모를 어느 정도 키워서 논에 옮겨 심는 방법으로, 직파법보다 김매는 노동력이 절약되었고 수확량도 많았을 뿐 아니라 이모작도 가능했다. 지금 우리가 하는 모내기에는 이런 이력이 있다.

  못자리를 하고 한 달쯤 지나면 망종(芒種)이다. 까끄라기[芒]가 있는 곡식의 씨앗[種]을 심는 시기다. 이 무렵 우리도 못자리에서 모판 수백 개를 빼내 싣고 논으로 간다.

  모내기를 시작한다. 흙과 어린 벼로 빽빽한 모판은 물까지 흥건하여 매우 무겁다. 내가 모판을 들어 이앙기로 올려 주면 옆사람은 그것을 받아 기계에 얹고 논바닥을 오간다. 이앙기가 앞으로 진행하면 뒤쪽의 기계 손들이 빠른 속도로 논물에 모를 꽂는다. 5700평 논 모내기를 두 사람이 이틀 만에 끝낸다.

  종일 무거운 모판을 드느라 힘은 들었지만, 옛사람들의 고생에 비할 바가 아니다. 끼니도 잇기 힘든 보릿고개에 극심한 허기를 견디면서, 끊어질 듯한 허리를 굽혀 일일이 손모를 심었던 사람들. 그 고달픈 손들……. 노비의 손, 상민의 손, 소작농의 손 들.

논물에 엎드려 옛사람을 생각한다

  "저수지[堤洑] 아래에 약간의 물이 있는 곳에는 때맞추어 모내기를 거의 다하고 두벌논매기까지 했으나 천수답은 지난달 12일 비가 내린 후에 비로소 모내기를 하여 지금 겨우 뿌리가 내리고 있는데, 이후에 폭우가 자주 내려 장마가 지루하게 이어지니 갯가의 논밭이 하나같이 침수되고 골짜기에 사태(沙汰)가 일어나고 냇가가 휩쓸려 가는 재앙이 곳곳에서 있었다."

조재호, 《영영일기》, 1751년(영조 27년) 6월 26일.

모내기 후 15~20일경부터 논매기(김매기)를 한다. 벼의 성장을 방해하는 잡초를 제거하는 것이다. 김매기를 하지 않으면 수확을 기대할 수 없다. 조재호의 《영영일기》에는, "때맞추어 김매기를 하지 못하여 간혹 잡초가 우거진 곳이 있으나 지금 김매기를 엄하게 명하여 놓았으니 앞으로 만약 다른 재해가 없다면 수확할 가망[西成之望]이 있다"는 장계를 올린 기록이 있다. 조선시대에는 첫 번째 논매기를 아이논매기, 두 번째 논매기는 두벌논매기라 했는데, 세벌논매기까지 하는 경우도 있었다. 김매기 횟수에 따라 1년 농사의 성패가 좌우될 만큼 김매기는 중요한 일이다. 조선시대 논매기에는 자루가 긴 논호미를 사용했다고 한다. 넓적한 호미 날로 흙을 찍어 뒤집었다는 기록으로 보아 논에 물을 채운 상태가 아니었을 것이다.

    요즘은 논에서 김매는 사람을 볼 수 없다. 제초제를 쓰기 때문이다. 우리 마을에서도 제초제 쓰지 않고 논매는 사람은 우리뿐이다. 조선시대와 달리 지금은 논에 물 대는 일이 어렵지 않아 김매기를 할 때는 논물을 채운 상태에서 한다. 물은 벼가 자라는 데도 필요하지만, 풀을 침수시켜 성장을 억제하는 역할도 한다.

한여름 불볕 아래 발이 푹푹 빠지는 논물에 서서 김을 맨다. 손으로 움켜쥔 풀을 논흙 깊숙이 쑤셔 넣고 발로 밟는다. 그럴 때면 옛사람들을 생각한다. 그 엄청난 풀을 어찌 맸을까. 제초제도 없고, 물도 없는 논에서. 허기진 몸에 무슨 기운으로 맸을까. 벼보다 풀이 수백 배 많았을 텐데.

> "송노에게 논을 매게 했다. 눌은비가 병을 핑계로 누워서 일어나지 않고 있으니 몹시 괘씸하다. 잡아오게 하여 종아리를 쳐서 미련함을 꾸짖었는데도 여전히 고치지 않으니 더욱 통탄스럽다."
>
> "송노와 눌은비가 모두 병을 핑계로 김을 매지 않는다. 괘씸하고 얄밉다."
>
> "세벌매기를 아직 끝내지 못했는데 눌은비도 가슴 통증이 낫지 않아 집 안에 호미 들 자가 없다."
>
> 오희문(吳希文), 《쇄미록(瑣尾錄)》, 1595년(선조 28년) 5월 26일~6월 9일.

오희문이 위의 일기를 쓸 즈음에는 학질이 돌아 수많은 사람이 죽었다. 오희문의 어머니도 학질을 앓았고 막내딸 단아는 학질로 숨을 거두었다. 노비 눌은비도 학질에 걸렸던 것 같다. 그러나 한낱 노비였으므로, 병을 핑계로 김매기를 하지 않는다고 매를 맞은 것이다. 노비는 주인의 재산으로 매매·양도·상속의 대상이었다. 오희문은 임진왜란 피란살이 10년의 일상을 섬세하게 기록한 지식인으로, 죽은 노비를 위해 제사를 지내 줄 만큼 인정 많은 사람이지만 한편으로는 신분제 사회의 공고한 계급체계의 일원이기도 했다. 개인으로서 자기가 속한 시대와 이념체계 바깥을 상상하기 힘든 법, 체제의 수혜자일 경우는 더더욱 그렇다.

양반은 김매기를 하지 않는다. 농사 노동은 노비와 상민의 몫이다. 농사가 국가 생산력의 전부였던 시대, 일평생 몸을 갈아 넣는 노동으로 사회를 떠받친 사람들은 노비와 상민이었다. 조선시대 노비는 전체 인구의 40퍼센트에 달했다. 부모 중 한 명만 노비여도 자녀는 노비가 되었으므로, 양반들이 노비를 늘리기 위해 양천교혼(良賤交婚, 양민과 천민의 혼인)을 유도했던 결과다. 상민(양민)은 양반 지주에게 땅을 빌려 경작하고 수확물을 지주와 반분(半分)했다. 지주와 소작인이 수확물을 50:50으로 나누는 관행은 꽤 오랜 기간 지속되었던 것 같다. 일제강점기에는 이 비율이 80(지주):20(소작인)까지 벌어지기도 했다. 1923년 항일농민운동 '암태도 소작쟁의'의 배경에는 이런 살인적인 수탈이 있었다.

순환하는 생명살이

국가 경제의 성장으로 오늘날 농업기반시설과 자연재해에 대한 대처력은 비약적으로 좋아졌다. 농사에 투입되는 노동량과 노동강도도 조선시대와는 비교할 수 없을 정도로 줄어들었다. 조선시대에 가

축(소)과 노비, 소작인이 떠맡았던 중노동은 오늘날 이앙기와 경운기, 트랙터와 콤바인이 대신한다. 김매기의 고된 노동은 제초제가 대신하고, 인분과 축분으로 만들던 거름은 화학비료로 대체되었다. 이로 인한 땅과 작물의 오염 문제는 여기서 논외로 하자. 유기농 벼를 생산하는 우리도 농기계의 힘을 빌려 농사를 짓는다. 다만 제초제 대신 몸을 써서 풀을 뽑고 화학비료 대신 유기질 퇴비를 쓴다. 그 점만은 조선시대와 유사한 듯하다.

농사는 순환하는 생명살이다. 종자가 발아해 싹이 나고 자라다가 가뭄으로 메마르고, 병들고 벌레 먹고, 장맛비에 휩쓸리고 태풍에 쓰러졌다 일어선 끝에 마침내 알곡을 낸다. 종자의 고난의 한살이가 사람살이와도 닮았다. 조선시대 기록을 토대로 옛사람들의 농사를 더듬어 보니 노동과 고난, 굶주림의 정경이 선연하다. 목숨을 '붙이고' 사는 일의 절박함, 목숨을 '이어 가는' 생애의 무거움을 실감한다. 이 땅에서 앞서 살다 간 이들의 생명이 우리 몸으로 이어지고, 우리 논에 번성했던 곡식의 생명은 우리 밥으로 이어진다. 이 생명의 연속선상에 우리가 있다.

> 한국국학진흥원 웹진 〈담談〉에 기고했던 글을 다듬어 에필로그로 싣는다. 인용한 문헌은 한국국학진흥원 디지털콘텐츠 및 《한 권으로 읽는 쇄미록》(오희문 지음, 신병주 해설)에서 가져왔다.

꽃이 밥이 되다
—논물에 서서 기록한 쌀밥의 서사

글·사진 | 김혜형
1판 1쇄 펴낸날 | 2025년 5월 16일

펴낸이 | 전은정
펴낸곳 | 목수책방

출판신고 | 제25100-2013-000021호
대표전화 | 070 8151 4255
팩시밀리 | 0303 3440 7277
이메일 | moonlittree@naver.com
블로그 | blog.naver.com/moonlittree
페이스북·인스타그램 | moksubooks
스마트스토어 | smartstore.naver.com/moksubooks

디자인 | 스튜디오 폼투필
표지 일러스트 | 김병진

ISBN 979-11-88806-66-9 (03810)
가격 18,000원

Copyright ⓒ 2025 김혜형
이 책은 저자 김혜형과 목수책방의
독점 계약에 의해 출간되었으므로
이 책에 실린 내용의 무단 전재와
무단 복제, 광전자 매체 수록을 금합니다.